WTO TIZHIXIA XIAOFEIZHE ZHIQINGQUAN
BAOHU WENTI YANJIU
YISHIPIN BIAOQIAN WEISHIJIAO

WTO体制下消费者知情权保护问题研究

——以食品标签为视角

郭桂环　齐秀敏◎著

中国政法大学出版社

2019·北京

图书在版编目（ＣＩＰ）数据

WTO 体制下消费者知情权保护问题研究：以食品标签为视角/郭桂环，齐秀敏著.—北京：中国政法大学出版社，2019.11
　ISBN 978-7-5620-9286-5

　Ⅰ.①W… Ⅱ.①郭… ②齐… Ⅲ.①消费者权益保护－研究 Ⅳ.①
D912.2940.4

　中国版本图书馆 CIP 数据核字 (2019) 第 248729 号

出 版 者　　中国政法大学出版社

地　　址　　北京市海淀区西土城路 25 号

邮寄地址　　北京 100088 信箱 8034 分箱　邮编 100088

网　　址　　http://www.cuplpress.com（网络实名：中国政法大学出版社）

电　　话　　010-58908285（总编室）58908433（编辑部）58908334（邮购部）

承　　印　　北京中科印刷有限公司

开　　本　　880mm×1230mm　1/32

印　　张　　6.5

字　　数　　160 千字

版　　次　　2019 年 11 月第 1 版

印　　次　　2019 年 11 月第 1 次印刷

定　　价　　35.00 元

前　言
PREFACE

伴随着国际社会消费者知情权保护浪潮的兴起，各国日益重视消费者知情权保护问题。这一趋势在食品领域的表现尤为突出，消费者对食品的偏好已经不再局限于食品安全方面，而是扩展到与食品物理特性无关的生产方法和过程方面，如食品是否利用转基因技术生产、食品的来源动物是否享有福利等信息。为了满足消费者对特定食品信息的需求，一些国家开始以消费者知情权保护为理由进行食品标签立法。但消费者知情权保护能否成为食品标签立法的独立理由，各国的做法并不相同。而这种不同的食品标签立法实践又会对国际贸易造成影响，如何协调消费者知情权保护和贸易自由之间的关系成为世界贸易组织（World Trade Organization，以下简称 WTO）不得不面对的一个重要问题。现有的 WTO 法律体系在处理消费者知情权保护相关议题方面存在诸多困难。首先，WTO 是生产者利益导向的规则体系，不利于消费者保护；其次，WTO 法中没有明确提及消费者知情权保护的条款；最后，专家组和上诉机构采取的从严解释方法不利于消费者知情权保护。

WTO 在处理消费者知情权保护问题时，需要明确以下两个问题：一是消费者知情权保护属于 WTO 各成员的主权范围，WTO 对消费者知情权保护措施的调整不在于统一各成员的立法。能否以消费者知情权保护作为独立理由进行食品标签立法，属于国内法事项，每一个成员都有权力制定最符合本国民众利益的食品标签立法。就特定信息而言，不管是赋予消费者知情权还是不赋予消费者知情权，都是各成员的国内法事项。即使同一个国家在不同时期采取不同的做法，也都属于国内法事项，WTO并不是统一各成员消费者知情权保护立法的最佳场所。一国民众认为重要的食品信息，对其他国家民众而言可能是无足轻重的。WTO应该允许这种多元化立法的存在，不应该过分侵蚀各成员的监管自主权。二是WTO规范消费者知情权保护措施的目的在于防范贸易歧视和贸易保护主义，即协调消费者知情权保护与贸易自由之间的关系。WTO的主要职责是防止贸易保护主义以促进贸易自由，非歧视性待遇义务是各成员承担的基本义务。因此，WTO成员可以采取适合本国国情的措施以保护消费者知情权，但采取的措施不能违反非歧视性待遇义务和超过必要的贸易限制程度。

为了协调消费者知情权保护与贸易自由之间的关系，WTO需要在以下两个方面做出努力：首先，WTO应该从生产者利益中心的规则体系向生产者利益和消费者利益兼顾的模式转化。WTO体制通过限制政府权力，保障各国产品的自由贸易，生产者的利益得到实现。但消费者的一些利益却没有随着贸易自由化而得到保障，例如，消费者获得信息的权利、获得赔偿的权利等。消费者在国内贸易中属于弱势群体，在国际贸易中更是如此。伴随着世界范围内的消费者保护运动的不断发展，各国（地区）日益重视消费者保护问题，特别是对消费者知情权的保护。欧盟、东盟等现有区域贸易协定已经随着消费者利益的日益丰富而不断调整自己的政策，将消费者保护作为自由、统一市场的重要组成部分，并进一步对消费者知情权作出明确规定。WTO同样也应该向贸易自由与消费者保护兼顾的模式转化。其次，通过 WTO 争端解决机构（Dispute Settlement Body，以下简称 DSB）采取有利于消费者的解释方法来处理和消费者知情权保护有关的议题是最为可行的解决方案。从理论上讲，有三种方案可以解决这一问题：一是在 WTO 之外形成有关消费者知情权保护的国际标准；二是修改 WTO 规则明确将消费者知情权保护纳入其中；三是通过 DSB 采取有利于消费者的解释方法处理和消费者知情权保护有关的议题。本书认为最为可行的方案是通过 DSB 在具体案件中采取有利于消费者保护的法律解释，进而形成类似"判例法"的连贯一致的解释，并最终达到协调消费者知情权保护和贸易自由的目的。

　　本书是河北师范大学 2016 年度人文社会科学校内博士基金项目（S2016B12）"WTO 视域下的食品标签法律问题研究"的最终研究成果。

目录 CONTENTS

导　论

0.1 选题的背景和意义

人们基于宗教、道德以及个体等原因，往往需要不同的食品。由于食品生产技术的不断发展和专业分工的不断细化，消费者获得的食品信息往往只能依靠生产者提供。食品标签作为生产者的一种自我表达，是消费者获得食品信息的主要渠道。食品标签需要提供哪些信息是一个非常复杂的判断过程，往往需要政府的干预。在有科学证据证明可能影响到消费者健康、安全的情况下，要求食品生产者通过标签披露相关信息是各国的通行做法。但消费者对食品的偏好已经扩展到与食品物理特性无关的属性上，如转基因食品、"公平贸易"咖啡、"海豚安全"金枪鱼产品等。能否以消费者知情权保护为理由而强制要求生产者披露这些信息，各国对此的做法并不相同。以转基因食品标签为例，欧盟实施的强制标签制度，其立法基础就是消费者知情权，即消费者有权知道其食用的食品是否属于转基因食品。而美国食品药品管理局（Food and Drug Administration, FDA）认为利用转基因技术所生产的最终产品与利用传统农业方法所生产的产品并无实质不同，消费者知情权不能构成实施食品强制标签的独立理由。因此，不管是食品中含有转基因成分，还是食品的生产利用转基因技术，都不需要在标签中披露。但转基因食品与对应的传统食品存在实质不同的情况除外。欧美国家在转基因食品标签上的不同做法，主要是因为消费者知情权保护在监管体系中的地位不同。简而言之，各国对消费者知情权能否成为食品标签立法独立理由的做法并不相同，而这种不同的立法实践又必然会对国际贸易造成影响。所以，保护消费者知情权的食品标签措施必然会受到 WTO 法的调整。如何平衡消费者知情权保护和贸易自由之间的关系成为 WTO 不得不面临的一个重要问题。

现有的 WTO 法律体系在处理消费者知情权保护议题方面存在较大困难。首先，WTO 是生产者利益导向的法律体系，不利于消费者知情权的保护。WTO 体制是建立在生产者利益导向的基础上，其目标是限制政府权力、减少贸易壁垒、保障生产者利益，从而达到实现自由贸易的目的。在后巴厘岛时代，贸易便利化、减少海关程序等措施使跨境交易更加便利和频繁，生产者的利益逐步得到实现。同时，跨境贸易的便利化也会产生另一个问题：消费者利益如何保护。在国际贸易领域消费者和生产者相比明显处于弱势，特别是在获得产品信息能力方面表现得尤为突出。生产者和消费者之间存在着严重的信息不对称现象。而 WTO 及其前身《关税与贸易总协定》（General Agreement on Tariffs and Trade，GATT）始终坚持生产者利益导向，都没有明确提及消费者知情权保护问题。例如，消费者知情权保护不属于 GATT1994 协议第 20 条的一般例外，也不是《技术性贸易壁垒协议》（Agreement on Technical Barriers to Trade，TBT协议）第 2.2 条所明确列举的合法目标。其次，专家组和上诉机构对 WTO 条款的从严解释，进一步缩小了消费者知情权保护的空间。WTO 争端解决机构已经处理了一些和消费者知情权相关的议题，但专家组和上诉机构往往采取从严解释的方法，在消费者利益和生产者利益发生冲突时往往倾向于对生产者利益进行保护。再次，WTO 涉及消费者知情权保护的案件还比较少，争端解决机构对具体案件的解释还没有形成连贯一致的做法。专家组和上诉机构详细分析过的涉及以消费者知情权保护作为争议措施抗辩理由的案件只有两个：美国金枪鱼Ⅱ案[1]和美国COOL案[2]，虽然两个案件对与消费者知情权保护有关的条款进行了分析，但仍有一些核心问题并没有得到很好的澄清。例如，何谓"正当的监管区分"、向消费者提供的信息满足什么条件才能构成TBT协议的"合法目标"以及GATT1994协议第20条能否使消费者知情权保护措施获得正当性等问题，并没有得到澄清。因此，WTO处理此类案件仍处于初级阶段，上诉机构并没有形成连贯一致的、类似于判例的法律解释。

基于上述原因，本选题具有重要的理论和现实意义。

（1）理论意义：本选题针对WTO如何协调消费者知情权保护与贸易自由之间关系的研究，提出了以下观点：WTO应该尊重各成员消费者知情权保护立法的差异性，允许这种立法多元化的存在；WTO对消费者知情权保护的调整不在于统一各国立法，而在于防止其采取的措施对进口产品造成歧视或超过必要的贸易限制程度等观点。这些观点对WTO如何处理各成员的监管权与自由贸易之间关系这一理论问题，具有一定的借鉴意义。

（2）实践意义：由于消费者知情权保护已经成为各国的普遍实践，而WTO在处理此类问题时存在着一系列的困难。本选题以食品标签为视角，结合WTO协议的有关规则和相关案例，对消费者知情权保护与贸易自由之间的关系进行了较为深入的分析，并就WTO如何在消费者知情权保护与贸易自由化之间求

---

[1] WTO, *United States-Measures Concerning the Importation, Marketing and Sale of Tuna and Tuna Products* [*US-Tuna Ⅱ（Mexico）*], WT/DS381.

[2] WTO, *United States-Certain Country of Origin Labelling（COOL）Requirements（US-COOL）*, WT/DS384, WT/DS386.

得平衡给出合理化建议。这将为未来的消费者知情权保护措施所引起的国际贸易争端解决提供一种现实、有效的解决思路。

0.2 研究范围界定及主要观点

0.2.1 研究范围界定

1. 本书主要研究如何在 WTO 体制下协调消费者知情权保护与贸易自由之间的关系。WTO 的主要宗旨是促进贸易自由，其关注的焦点是各成员实现政策目标所采取的措施是否具有歧视性或构成变相的贸易限制等，但并不强求各成员的政策目标必须统一。因此，WTO 并不是进行消费者知情权保护的最佳场所，各成员如何进行消费者知情权保护立法应该属于各成员的国内法事项。但当各成员所采取的消费者知情权保护措施对国际贸易造成影响时，就会涉及该措施是否符合 WTO 义务的问题。本书的研究目的不在于规范各国如何进行消费者知情权保护以及达到何种保护程度，这也是 WTO 力不能及的事项。WTO 的职责并不是统一各成员的消费者知情权保护立法，而是既要为各成员的消费者知情权保护监管留有空间，同时又要防范贸易保护主义或变相的贸易限制。本书着重分析 WTO 在处理消费者知情权保护时所面临的问题，并对 WTO 如何协调消费者知情权保护与贸易自由之间的关系提出合理化的建议。

2. 本书以食品标签为视角来具体研究 WTO 法律体系中的消费者知情权保护与贸易自由之间的协调问题。食品是人类生存的必需品，和其他产品比较而言，消费者对食品信息的需求更为迫切。同时，消费者对食品信息的需求已经不再局限于健康、安全等有科学依据的信息，还往往会基于道德、信仰以及个体原因而希望获得更多的与食品物理特性无关的过程信息，如转基因、克隆、动物福利等信息，而获得这些信息的法律基础就是消费者知情权。为了实现消费者知情权保护的目的，国家必须采取一定措施来确保该目标的实现，标签措施则是实现消费者知情权的主要方式。在 WTO 体制下讨论消费者知情权保护问题，也主要是基于一些国家日益重视食品标签立法的实践对国际贸易造成的影响。因此，本书选择食品标签这一具有典型意义且最容易发生 WTO 争议的问题作为研究视角，来具体分析在 WTO 法律体系下消费者知情权保护措施能否获得正当性，以及如何获得正当性的问题。

0.2.2 本书的主要观点

1. WTO 对消费者知情权保护的调整不在于统一各国立法，而在于防止贸易歧视或变相的贸易限制。能否以消费者知情权保护为理由进行食品标签立法，本来属于国内法事项。每一个国家都有权力制定最符合本国民众利益的食品标签立法。但当该食品标签立法对国际贸易造成影响时，就必然属于 WTO 的调整范围。一国民众认为重要的食品信息，对其他国家民众而言可能是无足轻重的。例如，基于宗教原因的特别的饮食要求对于信仰该宗教的人来讲是至关重要的，但对其他的人而言则是不重要的。因此，到底应该向消费者提供哪些信息往往会涉及复杂的科学、宗教、道德、经济以及个人信仰等方面的问题。WTO 应该允许这种多元化的存在，不应该过分侵蚀成员国的监管自主权。WTO 主要建立在各成员的非歧视性待遇、非贸易保护主义等承诺的基础上。因此，WTO 应该尊重各成员保护消费者知情权的国内措施，但同时要对措施的具体实施方式进行限制，防止贸易保护主义。即各成员赋予消费者何种信息的知情权以及对消费者知情权的保护程度都是各成员国的主权范围，

WTO应该允许这种多元化的存在，其关注的焦点应该是实现消费者知情权保护的食品标签措施是否存在歧视或构成贸易保护主义。

2. WTO应该从生产者利益导向的规则体系向消费者利益和生产者利益兼顾的模式转变。WTO体制是建立在生产者利益导向的基础上，其目标是限制政府权力、减少贸易壁垒、促进自由贸易，生产者利益会随着自由贸易而实现。而消费者利益的实现却比较复杂，虽然有一些消费者利益可能随着贸易自由化得到一定程度的实现，例如，随着关税和其他贸易壁垒的不断减少，消费者自然可以以更低的价格获得产品、可以拥有更多的产品选择机会等。但消费者利益不仅仅局限于这些物质利益，消费者的其他利益（例如，消费者获得信息、损害赔偿等方面的利益）可能会和生产者利益产生冲突。而这些消费者利益却始终不在WTO的考虑范围。欧盟、东盟等现有区域贸易协定的贸易自由化模式，已经开始随着消费者利益的日益丰富而不断调整其贸易政策。它们将消费者保护作为自由、统一市场的重要组成部分，并明确表明消费者拥有获得充分信息以便做出知情决策的权利。消费者在国内贸易中处于弱势，在国际贸易中更是如此。消费者虽然并不是国际贸易的主体，但国际贸易的最终目的是为了消费。以生产者利益为中心的WTO规则体系，已经和各国努力在生产者利益和消费者利益之间寻求平衡的监管模式相脱节了。WTO不能继续无视消费者利益，应该从生产者利益导向的规则体系向消费者利益和生产者利益兼顾的模式转变，以便使消费者利益得到全面的保护。

3. 通过WTO争端解决机构采取有利于消费者利益的解释方法来处理消费者知情权保护问题，是最为可行的解决办法。从理论上讲，有三种方案可以解决这一问题：一是在WTO之外形成有关消费者知情权保护的国际标准；二是通过修改WTO规则明确将消费者知情权保护纳入其中；三是通过 WTO 争端解决机构采取有利于消费者利益的解释方法来处理与消费者知情权保护有关的议题。本书认为最可能的方法是通过 DSB 在具体案件中采取有利于消费者利益的解释方法，进而形成类似"判例法"的连贯一致的解释，最终达到协调消费者知情权保护和贸易自由之间关系的目的。本书还就 DSB 对 WTO 协议条款如何解释提出了合理化的建议。

0.3 文献综述

0.3.1 消费者知情权和食品标签相关研究

1. 消费者知情权相关理论研究

消费者知情权是指消费者享有知悉其购买、使用的商品或接受服务的真实、充分、准确、适当信息的权利。消费者知情权在消费者权利群中处于前置性和基础性的地位，消费者只有获得了信息的权利才能够保障其他权利的实现。[1]自 1962 年 3 月 15 日美国前总统肯尼迪在《关于保护消费者利益的总统特别国情咨文》[2]中提出消费者知情权以来，大多数国家陆续开始制定相关法律以保护消费者知情权。1985 年联合国大会通过《联合国消费者保护准则》规定了消费者应当获得充分的信息，以保证消费者选择权的实现。这是联合国通过的第一个有关消费者保护的国际文件。1997 年《阿姆斯特丹条约》更是将消费

---

〔1〕　参见王宏："消费者知情权与消费者保护"，载《山东师范大学学报（人文社会科学版）》2010 年第 5 期。

〔2〕　该咨文率先提出了消费者四项基本权利：安全的权利、了解的权利（the right to be informed）、选择的权利和意见被听取的权利。此后，国家陆续开始制定专门法律来保护消费者。

者知情权作为一项单独的、区别于健康和安全利益的权利。[1]
1993 年我国也制定了《消费者权益保护法》[2]，明确规定了消费者知情权属于消费者的一项重要权利。

消费者知情权是消费者的一项重要权利，但学术界针对消费者知情权的性质还存在较大争议。主要观点有三个：一是消费者知情权主要体现的是一种非平等的关系，强调给予作为"弱者"的消费者以保护，体现了追求实质上的自由平等的现代法精神，是现代民法范畴的一项基本权利。[3]二是将包括消费者知情权在内的消费者权利定性为基本人权。漆多俊教授认为，消费者权利实质即以生存权为主的基本人权，保护消费者权益专门立法是人权法律保障的重要方面。[4]三是将消费者知情权作为一种经济法权利。当国家从社会整体利益出发对消费者和经营者之间的活动进行干预或调整时，他们应属于经济法的主体而不再是私法（民法）上的主体。[5]由于本书的研究重点是各国行使消费者知情权保护的监管权与其在 WTO 中的自由贸易义务之间的平衡问题。限于此，本书只研究经济法性质的知情权，通过民法保障的消费者知情权不在本书的探讨范围。

2. 食品标签的相关理论研究

食品标签是食品生产者、销售者与食品购买者和消费者交

---

［1］ 该条约第 153 条规定："为了促进消费者利益和确保对消费者高水平的保护，共同体应该致力于保护消费者健康、安全和经济利益，同时应该促进消费者获得信息、教育等权利。"

［2］ 全称为《中华人民共和国消费者权益保护法》（以下简称《消费者权益保护法》）。

［3］ 参见王雅琴、高萍："消费者知情权研究"，载《山西财经大学学报》2003 年第 4 期。

［4］ 参见漆多俊主编：《经济法学》，武汉大学出版社 2004 年版，第 188～189页。

［5］ 参见刘蔚文："论消费者知情权的性质"，载《河北法学》2010 年第 3 期。

流的最基本的方式，是食品内在信息的最直观的体现。消费者
对于食品的认知受产品的内在属性、外在指标等因素的影响。
其中，内在属性涉及一系列的广泛属性，包括食品安全、营养、
便利性以及过程属性。[1]按照消费者获得这些属性信息的难易程
度可以将产品特征分为三类：搜寻属性（Search attributes）、经验
属性（Experience attributes）和信任属性（Credence attributes）。[2]
搜寻属性是消费者在购买之前，通过产品比较即可获得的产品
特征信息，例如产品的颜色、形状等。经验属性是指只有消费后
才可以获得的产品特征信息，例如产品的味道、质量等，这类产
品特征往往与生产企业的声誉密切相关。信任属性是指非常难获
得的产品特征，即使是消费以后也很难获得，例如食品营养成分、
食品的生产过程特征等。Gilles 和 Caswell 进一步认为，商品的搜
寻属性、经验属性和信任属性是可以相互转化的。[3]一般而言，
对于搜寻属性和经验属性可以通过市场机制得以实现，而信任
属性要想通过市场机制有效转化为搜寻属性则必须具备一定条
件，即允许生产者以一个并非高不可攀的成本为他们的产品贴
上标签，并能因加贴标签而获利。因此，信任属性一般要求外
部干预才能得以实现。信任属性可以分为四种：产品的产地、
加工和生产方法（Proaessing & Product Method，PPM）、产品生
产后特征、产品的特性。

---

〔1〕 张斌等："碳标签食品的消费者行为相关研究"，载《华东经济管理》
2013 年第 4 期。

〔2〕 See Nelson, P. , "Information and Consumer Behavior", *Journal of Political E-conomy* , Vol. 78, 1970, pp. 311~329.

〔3〕 See Gilles Grolleau, Julie A. Caswell, " Interaction Between Food Attributes in Markets：The Case of Environmental Labeling", *Journal of Agricultural and Resource Eco-nomics*, Vol. 31, 2006, pp. 471~484.

3. 消费者知情权保护能否成为食品标签立法独立理由的学术争论

国外将食品标签和消费者知情权结合起来进行研究，主要是从 20 世纪 90 年代后期，伴随着各国对转基因食品采取了不同的标签制度而开始的。一些学者认为，人们应该能够选择自己吃什么，应该在国际或国内的风险评估和风险管理程序中增加民主。[1]不仅应该关注专家的意见，也应该关注广大民众对风险和不确定性的看法。[2]这种观点主张，即使通过了公共健康和环境安全的要求，如果不给消费者知道其食品当中转基因成分的信息的权利，转基因食品的监管就是不完整的。也有学者认为对转基因食品实施强制标签容易使消费者产生误解，将其视为转基因食品不安全的警示标签。Gray Marchant 从以下几个方面反对针对转基因食品的强制标签制度：一是虽然公众以压倒性优势支持转基因食品强制标签制度，但却不愿意为强制标签制度支付成本；二是以向消费者提供信息为目的的转基因强制标签制度，只能起到混淆、误导消费者的作用；三是转基因食品强制标签制度不但不能给消费者选择的机会，反而会迫使转基因食品从货架上消失。[3]同时，如果转基因食品是安全的就没有必要监管，如果是不安全的就应该禁止而不只是标签化。消费者知情权标准是主观大于客观的，如果允许其作为标签立

---

〔1〕 See Cary Coglianese, Gary E. Marchant, "Shifting Sands: The Limits of Science in Setting Risk Standards", *University of Pennsylvania Law Review*, Vol. 152, 2004, pp. 1275~1277.

〔2〕 See Jacqueline Peel, "International Law and the Legitimate Determination of Risk: Is Democratizing Expertise the Answer?", *Victoria University of Wellington Law Review*, Vol. 38, 2007, p. 363.

〔3〕 See Gray Marchant, "Counterpoint: The Case Against Mandatory Labeling of GE Food," *Natural Resources & Environment*, Vol. 28, No. 2, 2013, pp. 11~13.

法的独立理由，将会妨碍消费者做出明智的选择。还有一些反对者认为，仅仅调查消费者支持食品标签是抽象的，并不意味着消费者愿意为得到这些信息而支付成本。在由消费者驱动的市场，如果消费者需要某种类型的食品信息，生产者为了自己的利益会提供这一方面的信息。消费者知情权是一个比较聪明的保护主义策略，因为它是很难辩驳的抽象命题。以消费者的名义实施的措施并不一定是消费者选择的。因此，需要进行成本-效益分析以确定是否实施食品标签措施。[1]

消费者知情权能否成为食品标签立法的独立理由，存在着两种截然相反的观点。这两种观点都有其合理之处，一方面，对消费者而言，知情权是其正确选择食品、安全消费食品的前提和保障。另一方面，对消费者知情权的保障还需要考虑其他利益相关者的利益。食品标签的政策制定者需要在各种利益和义务之间寻求平衡，包括对公众需求的积极回应、应当履行的国际义务等。因此，对于一些与产品物理特性无关的生产过程和生产方法信息，由于消费者在消费时无法获得，统一的标签要求更有利于实现消费者偏好。这种情况下要求生产者承担披露相关信息的成本是合适的。如果对这种无形的特性有需求的消费者足够多，生产者将能够回收由于披露这些信息所增加的成本。如果没有足够多的消费者，生产者将不再生产这种属性的产品。总之，一个国家能否将消费者知情权作为食品标签立法的独立理由，需要考虑本国的具体国情。

---

〔1〕 See Pan Liu, "WTO Dispute: United States-Certain Country of Origin Labeling (COOL) Requirements (Complaint by Canda)", *Asper Review of International Business and Trade Law*, Vol. 14, 2014, pp. 223~249.

0.3.2 WTO 中消费者知情权保护相关研究

Steve Keane 是较早注意到 WTO 在消费者知情权保护方面存在问题的学者，他将食品标签措施分三种情况进行论述；第一，食品标签措施与食品安全无关，在这种情况下消费者知情权保护是食品标签措施能否在 WTO 中获得正当性的唯一依据。第二，食品标签措施与食品安全相关但不具有决定性，这时主要依据科学风险评估为基础，消费者知情权只能起到次要作用。第三，食品标签措施与食品安全相关且具有决定性，这种情况下往往直接以食品安全作为抗辩理由。论文最后得出结论，消费者知情权保护不能成为食品标签措施获得正当性的理由。其原因在于：《实施动植物卫生检疫措施的协议》（简称 SPS 协议）要求只有存在食品安全的情况下才可以采取措施，只主张保护消费者知情权的理由无法在 SPS 协议中获得正当性；TBT 协议虽然可能为消费者知情权保护提供了可能，但也很难通过《技术性贸易壁垒协议》（简称 TBT 协议）的审查。[1]Sonia E. Rolland 认为，目前的 WTO 体制在处理消费者保护问题方面存在缺陷，尤其是在消费者知情权保护方面更为突出。生产者的利益通过多边贸易体制进入国际市场而直接获得，但消费者利益并没有明确得到体现。首先，WTO 在一定程度上对消费者造成负面的影响；其次，WTO 案例尝试一些消费者的议题，但还需要一个更全面的考虑。[2]WTO 规则的制定缺乏民主程序，缺少对民众意见的尊重，如果民众不愿意承担这种既定的风险，即使有证

---

〔1〕 See Steve Keane, "Can a Consumer's right to Know Survive the WTO?: The Case of Food Labeling", *Translational Law & Contemporary Problems*, Vol. 16, 2006, pp. 291~332.

〔2〕 See Sonia E. Rolland, "Are Consumer-Oriented Rules the New Frontier of Trade Liberalization?", *Harvard International Law Journal*, Vol. 55, 2014, pp. 361~419.

据显示该技术是安全的，WTO 也不应该将这种风险强加给一个成员国的民众。在风险管理方面增加公众参与将有助于使国际经济法与更广泛的国际公法包括国际人权条约和国际环境条约的一致性。[1]Lowe, Erik R. 认为，一些看不见的产品属性必须通过食品标签才能获得。如果食品标签没有一个可靠的认证体系，消费者无法辨别真伪，这在国际贸易领域表现得更为明显。一方面，伴随着贸易自由化，产品可以更自由、更频繁地跨越国界；另一方面，消费者对于进口产品的欺诈很难做到事先的防范和事后的救济，导致消费者更容易受到欺诈。因此，WTO 法应该尊重各成员保护消费者知情权的政策目标。[2]

也有一些学者认为，消费者知情权并不是一项绝对权利，以贸易自由化为首要目标的 WTO 体制下，消费者知情权保护的地位是非常有限的。[3]另外，消费者在信息选择上是非理性的，如果仅以消费者知情权为理由而支持强制标签制度，会导致生产者义务过重，从而阻碍国际贸易的发展，牺牲全球福利。美国金枪鱼 II 案、美国 COOL 案中都涉及以消费者知情权为目的的食品标签措施的正当性问题。两个案件的最终裁决都认为消费者知情权保护属于 TBT 协议第 2.2 条的合法目标，但都不符合 TBT 协议第 2.1 条所规定的国民待遇义务。这反映了 WTO 专家组和上诉机构一方面不愿意轻易地否定成员的立法目的，另

---

〔1〕 See Caroline E. Foster, "Public Opinion and the Interpretation of the World Trade Organization's Agreement on Sanitary and Phytosanitary Measures", *Journal of International Economic Law*, Vol. 11, 2008, p. 427.

〔2〕 See Lowe, Erik R. "Technical Regulations to Prevent Deceptive Practices: Can WTO Members Protect Consumers from [un] Fair-Trade Coffee and [less-than] Free-Range Chicken", *Journal of World Trade*, Vol. 48, 2014, p. 594.

〔3〕 参见付文佚：《转基因食品标识的比较法研究》，云南人民出版社 2011 年版，第 104~121，236~257 页。

一方面却在实施方式上赋予成员严苛的义务，以至于达到无法逾越的程度。

由于消费者知情权是新近出现的一种权利，因此，在WTO体制下针对消费者知情权保护与贸易自由之间关系的研究还是比较少的。本书主要结合WTO有关协议，在对美国金枪鱼Ⅱ案和美国COOL案的裁决进行分析的基础上，重点分析WTO在消费者知情权保护方面存在的障碍，并就如何协调消费者知情权保护和贸易自由之间的关系提出合理化建议。

0.4 本书框架

本书主要针对WTO如何协调消费者知情权保护与自由贸易之间的关系进行研究，除导论和结论外，本书共有五章内容。

第一章，消费者知情权和食品标签概述。本章主要针对消费者知情权和食品标签的一般理论进行阐述。在消费领域信息不对称现象日益严重的今天，消费者知情权对消费者而言至关重要。只有知情权得到充分实现，消费者才能购买最能符合其偏好的产品，做到知情选择。在食品领域的消费者知情权主要通过食品标签措施得以实现，但实施食品标签措施受到各种具体条件的限制。各国需要根据各自的具体情况，制定相应的食品标签措施以保障消费者知情权。

第二章，消费者知情权保护的食品标签措施与WTO贸易规则。食品标签措施是实现消费者知情权的重要手段，同时也会对国际贸易造成影响。食品标签措施从性质上讲应该属于一种非关税壁垒措施。与其他的非关税壁垒措施相比，食品标签措施主要是利用市场机制来发挥作用、贸易限制程度较小、具有较强的隐蔽性。政府的参与程度直接决定了食品标签措施是否受 WTO 调整以及受哪些具体协议和规则的调整。以食品安全为目标的食品标签措施属于 SPS 协议的调整范围，而以消费者知情权为目标的食品标签措施则属于 TBT 协议和 GATT1994 协议的调整范围。食品标签措施主要涉及 TBT 协议第 2.1 条的非歧视待遇义务、第 2.2 条不得超过必要的贸易限制程度；GATT1994 协议第 3.4 条的国民待遇义务、第 20 条一般例外条款。

第三章，WTO 中有关消费者知情权保护的争端解决。由于 WTO 中并没有明确提及消费者知情权保护问题，如何在 WTO 中处理消费者知情权保护需要专家组和上诉机构在具体案件中予以明确。WTO 成员可能基于不同的目的实施食品标签措施，例如，保护健康、环境及消费者知情权等目的。如果以保护健康、环境为目的而实施的措施在 WTO 中比较常见，这类措施可以直接以保护环境、健康为理由来进行抗辩，而不需要利用消费者知情权保护这一理由来抗辩。但在食品标签措施与健康环保无关的情况下，消费者知情权保护就成为唯一的抗辩理由，这类问题在 WTO 法中属于新问题。目前，专家组和上诉机构处理的涉及消费者知情权保护的案件还比较少：美国金枪鱼Ⅱ案和美国 COOL 案。本章针对两个案件专家组报告和上诉报告中对食品标签、消费者知情权的解释进行了重点分析，指出了这两个案件的裁决对 GATT1994 协议、TBT 协议有关条款的澄清与发展。同时，也分析这两个案件裁决所存在的问题。

第四章，WTO 中消费者知情权保护面临的障碍。首先，保护消费者知情权的食品标签措施在 WTO 中很难获得正当性，其体制性原因在于 WTO 对消费者保护的缺失。WTO 是以生产者利益为中心的法律体系，缺乏消费者知情权保护的条款，专家组和上诉机构采取从严解释的方法等。其次，本章又进一步分析了具体因素。由于 WTO 条款的规定比较原则，其具体含义需要在具体案件中做进一步解释。在个案当中，专家组和上诉机构关于一些具体条款的解释不利于消费者知情权的保护。例如，消费者偏好和习惯在同类产品认定中的作用不大、对进口产品"待遇不低于"的判断标准不明确等原因。这些原因的存在导致以消费者知情权为目的的食品标签措施在 WTO 中很难获得正当性。

第五章，WTO 中消费者知情权保护与贸易自由的协调路径。本章主要从欧盟、东盟以及《跨太平洋战略经济伙伴关系协定》（简称 TPP）、《跨大西洋贸易与投资伙伴关系协定》（简称 TTIP）等区域贸易协定中的消费者保护进行分析，得出消费者保护已经成为贸易自由化的新趋势。WTO 仍然固守生产者利益导向的规则体系的做法，已经与各国普遍重视消费者保护的实践相脱节，WTO 也应该向贸易自由与消费者保护兼顾的方向发展。本章提出了具体解决方案，即通过 WTO 争端解决机构采取有利于消费者的解释方法，来处理消费者知情权保护问题。即 WTO 的专家组和上诉机构改变以往的以生产者利益为中心的解释方法，综合考虑消费者利益和生产者利益，以期能够更好地协调贸易自由化与消费者知情权保护的关系。本章最后对专家组和上诉机构应该如何解释提出了一些建议。

综上所述，WTO 主要建立在各成员的非歧视性待遇、非贸易保护主义等承诺的基础上，其主要职责是防止贸易保护主义以促进贸易自由，而不是试图统一各国消费者知情权保护立法。WTO 应该尊重各成员的消费者知情权保护立法，同时要防范贸易保护主义。贸易自由和消费者保护兼顾应该成为 WTO 发展的新方向。

0.5 研究方法

本书主要运用以下几种研究方法：

第一，规范研究法。本书主要对 GATT1994 协议和 TBT 协议中与消费者知情权、食品标签相关的规则进行了重点分析，包括 GATT1994 协议第 1.1 条最惠国待遇义务、第 3.4 条国民待遇义务以及第 20 条一般例外条款；TBT 协议附件 1.1 条技术法规的定义、第 2.1 条非歧视性待遇义务、第 2.2 条不得超过必要的贸易限制程度等条款。通过这些规则分析现有 WTO 体制在消费者知情权保护方面存在的问题，并在此基础上提出改进建议。

第二，比较研究法。针对消费者知情权保护能否成为食品标签立法的独立理由，实践中存在着两种截然相反的做法。本书针对美国和欧盟食品标签立法及其实践进行比较分析，并进一步分析了两种立法的不同依据。本书还对 WTO 与欧盟、东盟以及 TPP 等区域贸易协定进行了比较分析，得出兼顾贸易自由与消费者保护已经成为区域贸易协定的新趋势的结论。

第三，案例研究法。本书主要利用美国金枪鱼 II 案、美国 COOL 案的裁决，对以消费者知情权保护为目的的食品标签措施在 WTO 能否获得正当性进行分析。着重分析了以下几个问题：消费者偏好和习惯在同类产品认定中的作用、消费者知情权能否构成合法目标以及食品标签措施能否满足国民待遇义务等问题。指出在争端解决实践中存在的问题，并进一步提出解决此类问题的建议。

第❶章
消费者知情权与食品标签概述

当今社会属于信息社会，信息对个人的重要性不言而喻。随着信息社会的不断发展，人们所具有的获得信息能力之间的差别也越来越大。信息不对称现象在消费领域大量出现，消费者知情权逐渐成为消费者的一项重要权利。食品是人类不可缺少的必需品，同时也是一种最普通的商品。和其他产品相比，食品作为维持人类生存的首要物质基础，消费者对食品的态度相对保守。其原因在于食品直接纳入消费者身体，其对消费者健康、安全的影响更为直接。因此，消费者往往希望得到更多的食品信息，希望食用传统食品，对新食品的态度更为谨慎。消费者对食品的偏好，受到身体、心理、社会以及文化等因素的影响。只有消费者获得了相关食品信息，才能做出最能符合自己偏好的购买决定。食品标签作为生产者的一种自我表达，是消费者获得食品信息的主要渠道。对食品生产者而言，食品标签是突出其产品质量的最好工具；对消费者而言，食品标签是其获得食品信息、实现消费者知情权、评估食品风险的主要工具。

1.1 消费者知情权

1.1.1 消费者知情权的概念

知情权一词源于英文的"right to know"，最早由美国新闻编辑肯特·库伯于 1945 年 1 月提出，并很快成为新闻传播学中的核心问题。[1]随后，知情权逐渐从新闻界发展到法律界。最早关注知情权的是公法学者，一般将其视为公法上的独有概念，相对应的义务就是政府信息公开。但随着信息价值的日益重要，一些私法学者开始使用知情权来要求对个体交易和生活领域信息的弱势方进行保护。知情权的外延随之扩大，不仅仅只是属于公法领域，在私法领域也有所提及。广义的知情权是一个类属概念，由一系列的子权利构成。一般认为包括政治知情权、社会知情权和自我知情权。政治知情权和狭义知情权范围是一致的，是指社会公众依法享有了解、知悉国家政治事务及其活动的权利。社会知情权是指公众有权知悉社会所发生的，特别是突发事件和危机事件，并有权进一步了解社会的发展和商业信息的权利。自我知情权是指公众有权了解和掌握有关自己或与自己相关的信息。[2]消费者知情权应该属于社会知情权的范畴，一般是指消费者享有的知悉其购买、使用的商品或者接受服务的真实、充分、准确、适当信息的权利。

　　消费者知情权是指消费者获得相关消费信息的权利，即消费者有权根据商品和服务的不同情况，要求经营者提供商品的价格、产地、生产者、用途、性能、规格、等级、主要成分、有效期限等信息。这种权利源于自然权利，已被各国国内法甚至国际法确认为法律权利。消费者知情权的实现方式有两种：一种是通过生产者或经销者的主动告知，属于消极权利；另一种是由消费者主动向生产者或经销者咨询获得相关信息，属于积极权利。同其他法律权利一样，消费者知情权的行使和实现

---

[1]　参见林爱珺："知情权研究述评"，载《太平洋学报》2008 年第 7 期。

[2]　参见刘建明："关于公众知情权的深度分析"，载《新闻界》2005 年第 5 期。

是有边界的，不同国家界定的具体边界并不相同。即消费者应该享有哪些信息的知情权、这种知情权应受到什么样的限制，各国的做法并不相同。赋予消费者何种信息的知情权，需要在个人与社会和国家之间寻求一种平衡。

1.1.2 消费者知情权的产生和发展

任何一种法律权利都有其产生背景，需要一定的经济、社会和思想根基。消费者知情权作为一种新兴的权利类型，同样是社会经济发展到一定阶段的产物。消费者知情权的概念最早出现在美国前总统肯尼迪 1962 年 3 月 15 日的《关于保护消费者利益的总统特别国情咨文》中。该咨文率先提出了消费者四项基本权利：安全的权利、了解的权利、选择的权利和意见被听取的权利。消费者知情权这一概念产生虽然比较晚，但其所蕴含的法律理念却源远流长。古印度《摩奴法典》规定为了使买方知悉标的物的必要情况，在买卖契约中卖方要如实告知其出卖之物。[1]这一时期的消费者知情权主要表现为简单商品生产条件下的知情权，主要体现在中西方早期民事法律关系中的"诚实信用原则"。[2]进入 19 世纪之后，商品经济和科学技术初步发展，交易主体之间无须过多的中间环节即可交易。这一时期的消费者与经营者实力相当，双方可以根据自己的自由意思，通过平等协商决定他们之间的权利义务关系。因此，国家并不干预消费者与经营者之间的关系。但进入 20 世纪以来，伴随着科学技术的发展、社会分工的不断专业化，商品结构和服务信息越来越复杂，消费者和经营者之间的关系不再是一种平等关

---

〔1〕《摩奴法典》，转引自林榕年主编：《外国法制史新编》，群众出版社 1994年版，第 128 页。

〔2〕 参见傅静坤：《二十世纪契约法》，法律出版社 1997 年版，第 37~38 页。

系。特别是在经济地位方面，经营者明确处于优势地位。格式合同开始大量出现，消费者越来越失去选择的余地，对经营者提出的条件要么接受、要么拒绝，很难再对合同条款进行具体协商。这就要求国家改变过去对意思自治的放任态度，开始进行积极的干预和介入。[1]

消费者知情权的概念自 1962 年被提出以来，各国为了保护消费者知情权开始陆续制定法律。1997 年《阿姆斯特丹条约》更是将消费者知情权作为一项单独的、区别于健康和安全利益的权利。1985 年联合国大会通过《联合国消费者保护准则》，该准则规定了消费者应当获得充分的信息，以保证消费者选择权的实现。1993 年我国制定的《消费者权益保护法》明确将消费者知情权作为消费者享有的 9 种权利之一，即消费者享有知悉其购买、使用的商品或者接受的服务的真实情况的权利。总之，消费者知情权已经成为各国普遍重视的一项权利。

1.1.3 赋予消费者以知情权需要考量的因素

消费者需要的信息可以是无限的，而经营者提供信息的能力却是有限的。同时，经营者提供信息是需要成本的。因此，虽然消费者知情权是一项需要保护的重要权利，但它不是一项绝对的权利。将哪些信息以知情权的形式赋予消费者，成为理论和实践的一个难题。

1. 消费者获得的信息不是越多越好

消费者面临着大量的关于对身体有益或对身体有害的信息，甚至这些信息是相互矛盾的，这种相互矛盾的信息孕育着不信任。另外，太多的信息有可能导致信息超载，导致消费者忽视

---

〔1〕 参见王宏："论消费者知情权产生和发展的三个阶段"，载《山东社会科学》2012 年第 1 期。

大部分甚至全部信息。因此，将信息以知情权的形式赋予消费者，必须是对消费者而言相对重要的信息。一般而言，下列信息应该以知情权的形式赋予消费者：一是信息对大多数消费者而言是重要的，即使该信息对消费者个体而言不太重要；二是信息对少数消费者而言非常重要。

对食品而言，并不是消费者想知道的任何和食品有关的信息都能成为消费者知情权的内容。另外，基于食品标签空间的局限性和执行成本的考虑，食品标签所能反映的信息不是无限的。同时，由于消费者的偏好及风险承受能力的不同，他们所想知道的食品信息也是不同的。如何判断信息对消费者的重要性，从而确定消费者最需要的信息将面临很多困难。因为这一判断往往涉及多种因素：经济、文化、宗教以及其他。[1]消费者内部的分歧是必然存在的，需要找出这一群体的最小公分母。另外，消费者的兴趣或利益本身并不是消费者权利。追求利益是人类最一般、最基础的心理特征和行为规律。但什么样的利益需要法律保护以及保护程度如何，需要对利益进行衡量。过多食品标签存在的情况是危险的，尤其是建立在私人标准基础上的食品标签，一方面容易造成信息超载，另一方面容易引起消费者混淆或对标签失去信任。为了防止这一情况出现，往往需要政府参与以确保标签信息的准确性和可靠性。政府可以为食品标签措施设立指导原则、协调不同标准或者建立自己的标签措施及认证体系。一般来讲，食品标签所提供的信息应该具有两种功能：一类是帮助消费者了解食品的特征，促进消费者的购买欲望并做出最能符合其偏好的购买决定；另一类是帮助消费者正确饮食，并消除可能存在的安全隐患。

---

〔1〕 See Thomas. Emerson, "The First Amendment and the Right to Know", *Washington University Law Quarterly*, Vol. 1976, 1976, p. 9.

2. 消费者知情权的保护需要兼顾经营者的利益

经营者提供信息是需要成本的，其向消费者提供信息的义务不是无限的。尽管消费者知情权是消费者一项基本的、核心的权利，但并不是一项绝对权利，需要同时考虑生产者的利益。消费者有权得到安全的食品、有权知晓食品信息以便做出选择。同样，生产者有商业言论自由和贸易自由的权利。两者是同位阶权利，都需要法律的保护。有学者甚至认为，只有当消费者知情权和更高位阶的权利（健康、安全以及环境等问题）相关时，国家才要求生产者披露相关信息以保护消费者知情权。[1]

1.2 食品标签

伴随着科学技术的不断发展，食品的品种以及生产方式日益多样化。信息是对客观世界各种事物特征的反映，食品信息就是对食品特征的一种客观反映。消费者关心自己吃了什么、食品的来源及其生产过程并要求对其知情。食品标签是指预包装食品容器上的文字、图形、符号以及一切说明物。食品标签的组成部分一般包括：食品名称、配料、净含量、制造者、经营者的名称和地址、日期标示和储存说明等信息。通过食品标签向消费者传递食品的基本信息，可以提高透明度、增加消费者信心，而缺乏食品标签则容易引发消费者怀疑。[2]

---

[1] 参见付文佚：《转基因食品标识的比较法研究》，云南大学出版社 2011 年版，第 71 页。

[2] See Valeri Federici, "Genetically Modified Food and Informed Consumer Choice Comparing U. S. and E. U. Labeling Laws", *Brooklyn Journal of International Law*, Vol. 35, 2010, p. 515.

1.2.1 食品标签的产生

食品直接关系着消费者的健康和安全，食品信息对消费者而言尤为重要。食品最初的销售大多是在自然状态下进行的，没有过多的加工程序，一般情况下，购买者从食品的外观状态就可以对其进行识别并判断其质量。同时，食品的生产者和购买者往往距离很近，彼此熟悉，购买者往往可以通过直接询问生产者来获得食品的相关信息。但到了19世纪中期，伴随着包装、储存以及运输技术的不断发展，食品向更远的市场销售成了可能，这导致生产者和最终消费者之间的距离越来越大。这时，消费者和生产者已经无法直接交流食品的相关信息。在这种情况下，食品掺假大量产生并成为一个严重的问题。一些食品生产者为了使自己生产的食品与其他食品区分开来，开始使用品牌和商标，食品标签随之产生。这时的食品标签只是食品生产者和消费者进行信息交流的一种工具，食品生产者为了吸引消费者、获得更多利润，将自己所生产食品的信息主动通过标签的形式告知消费者。

1.2.2 食品标签立法的产生与发展

食品消费者和生产者通过食品标签的交流，主要依靠食品标签标注的信息和消费者对标签信息的理解。诚实的食品生产者会将食品的真实信息标注在标签上，像名称、生产者、成分以及生产日期等。但同时也出现了一些不择手段的生产商、经销商开始通过错误标识等形式进行欺诈。19世纪末，食品掺假和错误标识现象普遍。这些行为的损害是多方面的，例如，削弱消费者信心、影响市场竞争甚至损害消费者健康。标签的欺诈行为将侵蚀市场的有效性，广泛的欺诈行为将使消费者对信息失去灵敏性，并最终导致消费者怀疑诚实生产者所提供的诚实的声明。[1]食品标签不再是简单的食品消费者和生产者之间的关系，各国为了实现保障公共健康和安全、市场的公平竞争等目标，纷纷通过食品标签立法来规制这些行为。食品标签立法最初的目的主要是保证食品标签所提供信息的真实性、不具误导性。

20 世纪后半叶，伴随着科学技术的进一步发展，食品的成分和生产方式发生了很大的变化，食品的信息含量也随之增多。一些影响消费者购买决定的食品信息无法通过食品外观来进行判断。同时，随着消费者与食品生产者之间的距离越来越远，二者掌握信息的能力也大不相同。为了解决日益严重的信息不对称的问题，食品标签立法随之进入到第二阶段，其重点逐渐转变为要求食品生产商或经销商必须披露对消费者具有重要作用的信息。例如，1990 年美国《营养标签与教育法》（Nutrition Labeling and Education Act，简称 NLEA）要求披露营养信息。[2]大多数国家都要求食品生产商披露原产地标签、过敏原标签等信息。

总之，各国的食品标签立法从最初的保证自愿标签信息的真实性、准确性，到后来的不仅要保证信息的真实准确，同时要求信息披露必须充分。标签立法能够促使食品标签在以下几个方面发挥作用：一是对消费者起到警示作用。这种标签反映的产品的负面信息，其目的是为消费者提供选择建议。例如，过敏原标签。二是帮助消费者了解食品的内在特征，保障消费者知情权。这些内在特征大多数是中性的，消费者可以根据自

---

〔1〕　See Elise Golan, "Economics of Food Labeling", *Journal of Consumer Policy*, Vol. 24, 2001, p. 135.

〔2〕　Nutrition Labeling and Education Act of 1990, Public Law No. 101-535, sec. 2, 104 Stat. 2353.

己的偏好进行选择。三是可以起到教育作用，实现公共健康的目的。例如，营养标签可以帮助消费者合理安全饮食，减少疾病。[1]

1.2.3 食品标签立法的目的

错误标识、信息不对称等现象的出现，使食品标签不再只是单纯的消费者和生产者之间的关系问题，而是成为具有广泛社会意义的法律问题。为了确保消费者能在知情的情况下做出判断、鼓励市场的有效性以及树立消费者信心，各国纷纷对食品标签进行干预。同时，消费者所需要的食品信息可能是无限的，食品标签无法包含所有的食品信息。因此，食品标签只能向消费者提供有限的信息，这些有限信息的选择往往受标签目的的驱动。

政府往往为了达到一定的社会目标而进行食品标签立法，例如，为了提高人类健康和安全、减少环境危害或者支持国内农业、食品工业发展等目标。"Economics of Food Labeling"[2]一文指出，国家干预食品标签主要追求四种目的：生产者之间的公平竞争、消费者获得更多信息、保护消费者安全和健康、影响与特定社会目标所匹配的个人消费。也有学者认为食品标签法律的目标有两个：提供最低程度的食品特征信息、防止消费者欺诈。尽管学者在食品标签立法追求目标方面的看法并不相同，但向消费者提供信息并保证信息是有意义的、真实的并且不具有误导性，是各国食品标签立法始终追求的目标。在实践中，

---

〔1〕 See Donna M. Byrne, "Cloned Meat, Voluntary Food Labeling, and Organic Oreos", *Pierce Law Review*, Vol. 8, 2009, p. 37.

〔2〕 See Elise Golan, "Economics of Food Labeling", *Journal of Consumer Policy*, Vol. 24, 2001, pp. 117~184.

各国食品标签立法追求的目标可以大致分为生产者导向的目标和消费者导向的目标。生产者导向的目标是指食品标签立法追求生产者之间的公平竞争；而消费者导向主要是保护消费者的健康权、知情权的目标。因此，各国食品标签立法是一个多功能的规则体系：公平竞争的需要、食品安全的需要以及向消费者传递信息的需要等。当然，各国食品标签立法的多个目标的优先顺序并不相同，各国可以基于本国的具体情况，确定食品标签立法的优先实现目标。

本书基于研究的需要，将食品标签立法的目的分为两种：一种是通过向消费者提供信息以达到某种目标，例如，健康、安全、环保等；另一种是其目的就是向消费者提供信息。在第一种情况下，向消费者提供信息是为了实现消费者安全健康等目标，向消费者提供信息并不是一个独立的目标。在这种情况下消费者知情权往往处于次要地位，而健康、安全则属于更高位阶的权利。在第二种情况下，向消费者提供信息本身就是食品标签立法的目标，该食品标签立法与消费者健康、安全无关。本书所讨论的消费者知情权保护问题就是指第二种情况。

1.2.4 食品标签种类

食品标签是食品生产者与消费者交流的最基本的方式。消费者、企业、第三方实体和政府都在一定程度上决定着食品标签的信息内容，以及以何种制度反映这些信息。消费者主要利用其购买力和政治活动来参与标签应该包括哪些食品信息的决策；生产企业在收益大于成本的情况下，自愿提供信息以吸引消费者；第三方实体通过标准的建立、认证和执行来确保食品标签的可理解性、可信度；政府往往为了达到一定的社会目标而进行食品标签立法，要求生产商必须披露特定的食品信息。[1]例如，为了提高人类健康和安全、减少环境危害或者支持国内农业、食品工业等目标。因此，食品标签到底包含哪些信息以及以何种标签制度来反映这些信息，是多种利益博弈的结果。食品标签制度大致可分为两种：自愿标签和强制标签。

1. 自愿标签

自愿标签是指由生产者和销售者根据具体情况决定是否加贴标识的制度。自愿标签制度又可以分为政府主导型自愿标签和私营部门主导型自愿标签。这两种自愿标签制度的主要划分依据是政府在该制度中的参与程度。自愿标签制度的实质是生产者自愿在其产品上标注信息，以帮助消费者将其产品与其他的类似产品区分开来。生产者做出是否标注的决定，主要基于成本-收益的考虑（能否从标注行为中获得利益）。生产者一般会在以下情况下自愿标注信息，一是建议消费者正确使用产品，防止侵权责任；二是提供消费者感兴趣的产品信息，促使消费者做出购买自己产品的决定。但实施自愿标签制度无法解决如下问题：生产者不愿提供有关产品负面特征的信息，必须适用其他的机制来迫使生产者提供重要的负面信息。

2. 强制标签

强制标签制度是指政府为了实现一定的政策目标，要求生产者必须在食品标签中披露特定信息的制度。消费者获得食品信息往往需要生产者来提供，而有些信息生产者不愿意主动提供。这时，需要借助外部干预才能使消费者获得这些信息。强制标签主要被用来解决信息不对称和外部化问题。信息不对称是指交易双方所占有的相关信息不均衡，一方比另一方占有更

---

[1] See Elise Golan, "Economics of Food Labeling", *Journal of Consumer Policy*, Vol. 24, 2001, pp. 117~184.

多的信息而处于信息优势地位，另一方则因占有较少的信息而处于劣势地位。由于食品技术的不断发展、社会分工的不断细化，消费者很难全面掌握自己活动范围之外的知识和信息，从而导致食品生产者掌握的信息远多于食品消费者现象的发生。这在食品的负面特征信息方面的表现尤其突出，生产者没有向消费者提供这方面信息的动机。在一些信息不对称的情况下，政府可能决定干预市场，要求食品生产者通过食品标签的形式，将与食品相关的重要信息传递给消费者。外部化问题是指人们从事经济活动时不注意对外部环境造成的影响，环境成本没有计算到产品的成本当中。食品的生产同样存在外部化问题，即个人消费决定影响社会福利而不是个人福利。政府为解决外部化问题，可以采用税收、禁令、规制生产或消费以及标签等方法。除标签措施外，禁令、配额等措施都是政府的直接干预措施，往往容易引起国际贸易争端。而标签措施对国际贸易的影响较小，因此，政府往往会采取标签措施来解决外部化问题。在信息不对称的情况下，强制标签的目标是向消费者提供信息，并不改变消费者行为。而在外部化的情况下，强制标签的目标是改变消费者行为。

同时，强制标签与自愿标签可以相互转化。食品标签的具体内容主要由两种力量决定：一是市场驱动力，生产者通过标签吸引消费者，增加其产品的竞争力；二是出于特定监管目的，政府强制要求生产者披露特定信息。这两种力量相互作用，共同影响食品标签的内容。同时，这两种力量的不断变化，导致自愿标签和强制标签的相互转化。同时，由于各国国情不同、监管理念不同，针对同一事项往往会实施不同的标签制度。标签种类的变化，还和消费者获得信息的重要性有关。食品标签的重要目的是向消费者提供必要的信息以帮助消费者做出安全、健康的知情选择。因此，消费者是食品标签立法的重要利益相关者，在考虑采取何种形式的标签制度时需要考虑消费者的偏好，需要对消费者在购买食品时的需要和期望予以回应。然而，消费者作为一个群体，包括不同的利益、特征、优先性和关切，这无疑对食品标签的立法者提出挑战，确定消费者希望得到和需要的信息是最关键的问题。如果监管者要求产品进入市场必须使用标签，主要是因为监管者将消费者以统一的方式获得信息的权利置于优先的位置。在这种情况下，使用强制标签是合适的。而自愿标签主要适用于消费者以统一方式获得特定信息的重要性相对较低的情况。食品标签政策的顺利实施要求有一个良好的支撑体系，即标签标准的制定、执行（或认证）系统。如果没有一个可以参照的标准，政府就无从判断食品标签的真实性，也无法对市场上的标签实施行之有效的管制。[1]

1.3 食品标签制度对消费者知情权保护的影响

由于在食品领域存在着大量的信息不对称的情况，特别是在消费者购买国外食品时这种信息不对称的情况更加明显。食品标签成为确保消费者知情权实现的最主要方式。政府根据食品信息的重要性以及工商企业的合作程度，实施不同的食品标签制度：自愿标签制度与强制标签制度。这两种标签制度对消费者知情权的实现程度并不相同。

1.3.1 自愿标签制度对消费者知情权保护的影响

在自愿标签制度下，由生产者或经营者根据自身的具体情

---

〔1〕 参见周洁红、朱丽娟："实施食品标签管理的政策选择"，载《世界农业》2004 年第 3 期。

况自愿决定是否披露以及采取何种形式披露某一信息。对于生产者或经营者而言，食品标签是广告的一种形式，可以引起消费者的关注。如果生产者或经销者认为食品的某一信息对消费者而言是重要的且可以影响消费者的购买决定时，食品的生产者或经销者将会主动披露这一信息。因此，在自愿标签制度下，企业是否使用标签的形式披露某一信息完全取决于其能否从中获得利益。所以，自愿标签制度主要是依靠市场的力量运作，只要披露信息能够使生产者获利，生产者就会迎合消费者的偏好，主动披露其产品的信息。生产者主动披露的信息往往是自己产品所具有的而其他产品没有的优良品质。但对于产品的负面特征，生产者一般不会主动披露。同时，在自愿标签制度中，对没有加贴标签说明到底属于什么性质的产品，消费者无法准确判断。因此，自愿标签制度下存在一定的灰色地带，消费者知情权的实现是不完全的。在特定情况下必须实施强制标签制度以保护消费者知情权。

1.3.2 强制标签制度对消费者知情权保护的影响

强制标签制度是指要求生产者必须通过标签的形式披露特定信息，这种信息往往是生产者不愿披露的产品负面特征信息。强制标签制度可以使市场上具有某种负面特征信息的产品与其他产品完全区分开来，不存在身份不明的灰色领域。因此，强制标签制度能够充分保障消费者的知情选择权。但强制标签制度的成本高昂，需要生产者、消费者甚至政府为其买单。由于强制标签制度在消费者知情权保护方面发挥的重要作用，一些国家特别是发达国家日益重视强制标签制度。

自愿标签制度与强制标签制度在消费者知情权保护方面各有利弊。强制标签制度可以更为有效地向消费者传递产品的负面特征信息，对消费者知情权的保障程度较高，但其弊端是执行成本高、执行难度大。而自愿标签制度的优点是能够帮助消费者利用市场机制来寻求具有积极特征的产品，其执行成本较低。但在该制度下消费者无法有效获得产品的负面特征信息。到底使用强制标签制度还是自愿标签制度主要考虑两个因素之间的平衡：政策目标的重要性、通过与工业合作实现这个目标的程度。例如，香烟的警示标签是为了实现保护生命与健康的政策目标，而企业不愿做出标注。因此，此类标签必须实施强制标签制度。而生态标签是为了实现保护环境政策目标，属于产品的正面信息，企业愿意做出标注显示其产品的环保特性。这种情况下，可以实施自愿标签制度。[1]不管是自愿标签制度还是强制标签制度，消费者知情权的行使方式都是被告知，属于一种消极权利。如果食品生产者不向消费者提供这些信息，或者提供的信息不真实或具有误导性，都将被视为是对消费者知情权的侵犯。由上可见，自愿标签制度与强制标签制度相辅相成，在实现消费者知情权过程中发挥着不同的作用。利用自愿标签制度实现消费者知情权是优先选择，在自愿标签制度无法实现消费者知情权时，必须使用强制标签制度。

1.4 消费者知情权保护的食品标签立法实践

食品标签是消费者获得食品信息的最主要、最便捷的方式，但是强制食品标签制度又会对食品生产者带来负面影响。[2]因此，政府必须在消费者利益和生产者利益之间做出权衡。大部

---

〔1〕 See Arwel Davies, "Technical Regulations and Standards under the WTO Agreement on Technical Barriers to Trade", *Legal Issues of Economic Integration*, Vol. 41, 2014, p. 45.

〔2〕 See David Alian Nauheim, "Food Labeling and the Consumer's Right to Know: Give the People What They Want", *Liberty University Law Review*, Vol. 4, 2009, pp. 97~98.

分国家的食品标签立法明确消费者有权知道对其有害的信息，即在对消费者健康产生风险的情况下采取强制标签制度。但在没有科学证据证明存在安全风险的情况下，消费者知情权保护能否成为食品标签立法的独立理由，各国的做法并不相同。

1.4.1　美国食品标签立法中的消费者知情权

美国的食品标签管理机构主要包括两个，一是食品药品管理局（FDA），其职责是制定食品标签相关的政策、规则、指导原则以及实施策略，具体负责除肉类和禽类以外的美国境内销售的国产或进口产品。二是食品安全检验局（隶属美国农业部），负责肉类、禽类产品和加工蛋类产品的标签问题。美国的FDA 是食品标签的主要负责机构，而美国农业部只针对特定食品制定标签规则，起到辅助作用。大约 80% 的食品标签监管是由 FDA 负责的。FDA 进行食品标签监管的主要法律依据是美国1938 年颁布的《联邦食品、药品和化妆品法》，该法属于美国基础性的食品安全法规。

1. 1938 年《联邦食品、药品和化妆品法》对食品标签规定

1906 年的《纯净食品和药品法》（Pure Food and Drug Act，简称 PFDA）是美国第一部以食品命名的法律，也是美国禁止食品错误标识的第一部联邦立法。该法明确禁止掺假和标识不当的食品和药品在市场上流通，并对这些行为进行处罚。其中，明确规定标签上所注明的对于产品的信息说明应该准确，不应该欺骗或误导消费者。这一阶段的食品标签立法主要是限制生产者在食品标签中的言论，保证食品标签的真实性，并没有要求食品标签必须标注特定的内容。由于该法的很多条款并不明晰，存在法律漏洞和执行困难的问题。1938 年《联邦食品、药品和化妆品法》完善了 1906 年《纯净食品和药品法》没有很好处理

的消费者保护问题，其最主要的内容是禁止食品的虚假标签和错误标签，要求食品生产企业通过标签向消费者提供信息。在该法中美国首先提出了食品强制标签要求，其他国家纷纷效仿。[1]

1938年《联邦食品、药品和化妆品法》涉及食品标签的部分主要包括403部分[2]和201（n）[3]部分，其中，第403部分规定了错误标识食品（misbrand）的范围，包括错误或误导性的标签、以其他产品名称售卖、标签信息不显著等情况。如果标签信息是不真实的或具有误导性，则被视为错误标识。第201（n）部分则要求标签要包含和食品相关的所有实质性信息（material information）。无论是肯定的陈述还是重大遗漏，如果不能揭示食品的实质方面，都会被认为是错误标注。也就是说，食品标签是否具有误导性，不仅要看它披露了什么，而且要看哪些信息没有披露。如果食品标签没有揭露所有的实质性信息，则该标签同样会被认为具有误导性。但至于何谓"实质性"信息，该法并没有明确规定，需要FDA（美国食品药品管理局）在监管过程中进一步解释。因此，《联邦食品、药品和化妆品法》的食品标签规则包括两个方面：一是如果生产商选择披露产品信息，就必须保证信息的真实性并提供与此相关的所有实质信息；二是必须披露与食品相关的实质信息。

2. FDA关于消费者知情权不构成强制标签独立理由的政策

FDA（美国食品药品管理局）隶属于美国卫生教育福利部，负责全国食品、药品以及化妆品的管理。1938年《联邦食品、药品和化妆品法》是FDA监管权限的法律基础。FDA的主要职

---

〔1〕 See Stephen Tan, "Much Ado About Something: The First Amendment and Mandatory Labeling of Genetically Engineered Foods", *Washington Law Review*, Vol. 89, 2014, p. 304.

〔2〕 21 U.S.C. § 343 (1938).

〔3〕 21 U.S.C. § 321 (n) (1938).

责是促进食品安全和公共健康，即确保食品是安全的、有益健康的以及正确标注的。如果食品对公众健康有重大危险，FDA可以完全禁止该食品的销售。如果食品只对公众健康造成很小的危险，FDA需要在风险和收益之间权衡：是否允许这种食品在市场上销售、以什么样的形式销售。如果收益大于风险，FDA就会考虑消费者知情权，以便消费者对风险知情。[1] FDA监管食品的一个最重要的方式是监管食品标签。[2] FDA 最初主要负责监管生产者在食品标签中自愿披露信息的真实性，以保护消费者的利益。[3] 后来逐渐开始要求生产者必须披露特定的信息给消费者，对特定食品信息采取强制标签制度。目前，FDA要求食品标签必须披露以下信息：生产商或经销商的名称和地址、食品名称、成分列表、食品净重、营养组成等信息。[4]

《联邦食品、药品和化妆品法》要求披露食品的"实质性"信息，但并没有具体规定何谓"实质性"信息。是否具有"实质性"是由监管者 FDA 来判断的。[5] FDA 所定义的"实质性"（material）与消费者所感知到的"实质性"有很大的差别。例

---

〔1〕　See Kelly A. Leggio, "Limitation on the Consumer's Right to Know: Settling the Debate Over Labeling of Genetically Modified Foods in the United States", *San Diego Law Review*, Vol. 38, 2001, p. 912.

〔2〕　FDA v. Brown & Williamson Tobacco Corp. , 529 U. S. 120, 156 (2000) ([T]he supervision of product labeling to protect consumer health is a substantial component of the FDA's regulation of drugs and devices …).

〔3〕　1906 Federal Food and Drugs Act, Public Law No. 59 - 384, 34 Stat. 768 (1906), codified at 21 U. S. C. § § 1-15 (1934).

〔4〕　Federal Food, Drug, and Cosmetic Act (FFDCA), 21 U. S. C. 343 (e), (g), (i), (k), and (m) (2001); Nutrition Labeling and Education Act of 1990 (NLEA), Public Law No. 101 - 535, 104 Stat. 2353, codified at 21 U. S. C. § § 301 et seq. (2001).

〔5〕　See David Alian Nauheim, "Food Labeling and the Consumer's Right to Know : Give the People What They Want", *Liberty University Law Review*, Vol. 4, 2009, p. 117.

如，是不是转基因食品对消费者做出购买或消费的决定是"实质性"的，FDA则并不认为转基因信息是"实质性"的。例如，1992年FDA颁布的《来自植物新品种食品的政策声明》[1]中指出，食品的生产是否采取了转基因技术并不是实质性信息，因此并不是标签必须披露的信息。但如果消费者基于食品名称并不能推断出的过敏原信息，必须在食品标签中披露。FDA允许使用转基因食品自愿标签，但该标签不能具有误导性。根据403（i）部分和201（n）部分的规定，如果转基因食品与对应的传统食品相比没有实质不同或新的安全风险，这种情况下，既没有科学依据也没有法律基础要求对转基因食品实行强制标签制度。FDA在解释"实质性"的范围时，往往是指和食品本身特性相关的信息。如果缺少这些信息，将会引起特殊的健康或环境风险，误导消费者、消费者容易将其误认为是其他类似的食品。那么，这些信息将会被FDA认为属于"实质性"信息。在实践中FDA并没有赋予"实质性"以宽泛的含义，其将实质性信息定义为与食品本身相关的信息，并将其解释为：（1）产品会给消费者健康或环境安全带来变化；（2）标签信息的陈述可能误导消费；（3）标签可能导致消费者期望其成为某相似产品，而实际上二者在某个或某些特征上大为不同。由此可以看出，FDA只有在涉及产品"实质性"时才需要进行标示。即只有当科学证据表明食品存在某种或多种健康或安全隐患或者某种信息的遗漏会导致消费者误解时，FDA才通过强制标签的形式赋予消费者以知情权以使其对此知情。而在没有明显的安全风险或误导的情况下，消费者知情权应该受到限制。

综上所述，FDA一贯主张当不存在明显的安全风险时，消费

---

[1]　Statement of Policy, 57 Fed. Reg. 22, 984.

者知情权应该受到限制。保护消费者知情权，在于监督自愿标签的准确性，而不是过于广泛的没有意义的强制标签。[1]在美国，转基因食品问题的消费者知情权并没有超过生产者的言论自由和州际贸易的权利，因此，消费者知情权不能成为要求实施强制标签的充分理由。在是否实施强制食品标签制度的决策中，消费者知情权不是一个绝对的权利，需要考虑其他相关利益方的权利。

3. 法院对 FDA 的"消费者知情权不构成强制标签独立理由"政策的支持

FDA 关于消费者知情权并不是强制标签立法的独立理由的政策，得到了美国法院的支持。在以下和食品标签相关的案件中，法院基于各种不同的理由对"消费者知情权"的诉求予以驳回，维护了现有食品标签制度的合法性。

在 *Stauber v. Shalala* 案[2]中，法院指出，食品感官的不同、性能特点的不同都是实质性信息，需要使用标签予以标注。例如，风味、保质期或物理特性等信息。但在本案中并没有证据表明使用 rBST 的奶牛所产的奶制品与传统的奶制品的组成具有实质不同。如果没有科学证据证明两种产品存在实质区别，仅将强制标签制度建立在消费者利益的基础上是违反 1938 年《联

---

〔1〕　See Kelly A. Leggio, "Limitations on the Consumer's Right to Know: Settling the Debate Over Labeling of Genetically Modified Foods in the United Stats", *San Diego Law Review*, Vol. 38, 2001, p. 893.

〔2〕　1993 年 FDA 批准允许对奶牛注射 rBST（重组牛生长激素），以提高奶牛产奶量。FDA 认为，使用 rBST 激素的奶牛所产的牛奶和没有使用这种激素的奶牛所产的牛奶是没有区别的。因此，也不需要对此实施强制标签制度。一些牛奶消费者对 FDA 拒绝针对注射的牛所生产的牛奶实施强制标签制度提出质疑。原告认为，FDA 没有将使用 rBST 视为实质性信息的做法与《联邦食品、药品和化妆品法》第 403 (a)(1) 和 201 (n) 部分的规定不符。单独的消费者利益足够成为强制标签的理由，决定一项产品与这类产品有实质区别，如果有这样的区别而且消费者想知道这一区别，这种情况下标签是合适的。

邦食品、药品和化妆品法》的。法院得出如下结论：根据1938年《联邦食品、药品和化妆品法》，实施强制食品标签制度必须证明新食品与对应传统食品之间的实质不同。单纯的"消费者想知道"并不构成要求实施强制食品标签的充分理由。

在 *International Dairy Foods Association v. Amestoy* [1]案中，乳制品生产商联合作为原告，针对佛蒙特州要求乳制品生产商对于使用合成生产激素所生产的乳制品予以标注的法令提出申诉。佛蒙特州针对使用合成生长激素的奶牛所生产的奶制品实施强制标签制度。这实际上是强迫生产商发布自己本不愿意发表的、不利于自己的言论。第二巡回审判庭认为佛蒙特州的标签制度违反了宪法第一修正案规定的商业言论自由条款。其依据是法院在"中央哈德森天然气和电力公司诉纽约公共服务委员会案"中所提出的 Central Hudson 标准 [2]的第二标准：重大政府利益标准。即食品标签法所实现的政府利益是否是重大的。佛蒙特州并没有声称是为了保护健康和安全才通过该食品标签立法，其理由是基于强烈的消费者利益和公众知情权。而这些利益是不充分的，不构成政府的重大利益，并不足以使受保护的宪法性权利做出妥协。[3] 法院最终认为，单纯消费者的好奇心并不

---

〔1〕 International Dairy Foods Association v. Amestoy, 92 F. 3d 67, 73 (2nd Cir. 1996).

〔2〕 The four prongs of the *Central Hudson* test, required the court to determine "(1) whether the expression concerns lawful activity and is not misleading; (2) whether the government's interest is substantial; (3) whether the labeling law directly serves the asserted interest; and (4) whether the labeling law is no more extensive than necessary."

〔3〕 "[S] trong consumer interest and the public's 'right to know' ... are insufficient to justify compromising protected constitutional rights ... We are aware of no case in which consumer interest alone was sufficient to justify requiring a product's manufacturer to publish the functional equivalent of a warning about a production method that has no discernible impact on a final product."

是足够的政府利益，以强迫制造商违背其意愿发表言论，即使这些言论是真实的、准确的。最后，法院颁布禁令禁止执行佛蒙特州的标签法。

在 *Alliance for Bio-Integrity v. Shalala*[1] 案中，消费者组织联盟和一些消费者对 FDA 不对转基因食品实施强制标签的政策提出质疑。原告认为，转基因方面的信息属于实质性信息，特别是针对一些过敏的消费者和有某种宗教信仰的消费者。因此，转基因食品不应该被认为是一般安全的（Generally Recognized as Safe，GRAS），没有转基因食品标签，就属于错误标识。而 FDA 错误地解释 1938 年《联邦食品、药品和化妆品法》中的"实质方面"，并且强调在考虑是否实施强制标签时，应该给予"广泛的消费者利益"更多的考虑。[2] 总之，FDA 拒绝对转基因食品实施强制标签的行为是任意和武断的。联邦地区法院则认为，FDA 的这一决定是建立在科学证据的基础上的，尊重 FDA 专家对这些数据的评估也是适当的，FDA 给予转基因食品"一般安全"地位的决定不是武断的。在食品标签监管方面，FDA 在《联邦食品、药品和化妆品法》中的授权是有限的。在没有对消费者健康造成损害或食品发生变化的情况下，FDA 不能实施食品强制标签要求。[3] 法院最后得出结论，没有转基因食品对消费者存在固有风险或安全隐患与对应的传统食品有实质不同的决定，FDA 就没有实施强制标签的授权。

由上可以看出，美国 1938 年的《联邦食品、药品和化妆品

---

〔1〕　Alliance for Bio-Integrity v. Shalala, 116 F. Supp. 2d 179（D. D. C. 2000）.

〔2〕　Alliance for Bio-Integrity v. Shalala, 116 F. Supp. 2d 166, 178（D. C. Cir. 2000）.

〔3〕　See Alicia T. Simpson, "Buying and Eating in the Dark: Can the Food and Drug Administration Require Mandatory Labeling of Genetically Engineered Foods-Alliance for Bio-Integrity v. Shalala, et al., 116 F. Supp. 2d 166（2000）", *Temple Environment Law & Technology Journal*, Vol. 19, 2001, p. 228.

法》并没有对"实质性"进行具体定义，需要依靠 FDA 的解释。FDA 长期贯彻消费者知情权保护不能构成食品标签立法独立理由的政策，该政策也得到了美国法院的支持。但有一点需要注意，在美国也有一些以消费者知情权为目的的食品标签立法。主要包括以下几种情况：辐照食品强制标签制度、肉类原产地标签制度等建立在消费者知情权基础之上的强制标签制度。这说明即使同一个国家在不同的情况下，也可能采取不同的标签政策。

1.4.2 欧盟食品标签立法中的消费者知情权

二噁英、疯牛病等重大食品安全危机的频发，动摇了欧盟民众对政府的信任。欧盟民众希望实施严格的食品安全监管，并希望获得更多的食品信息。为了响应这一呼声，向消费者提供食品信息成为欧盟关注的公共政策之一，鉴于食品标签是向消费者提供信息的主要手段，欧盟不断制定新的食品标签法，以期向消费者提供更多、更准确的食品信息。欧盟食品标签法的一个重要目的是使消费者重新获得消费信心。在欧盟，消费者对食品的知情权成为消费者所享有的一项基本权利。

1. 欧盟基础条约中的消费者知情权

消费者知情权在欧盟具有强大的政治和法律基础。1999 年 5 月 1 日生效的《阿姆斯特丹条约》第 153 条规定："欧盟将致力于保护消费者健康、安全和经济利益，并促进他们获得信息和培训以及保护自身利益的权利。"这是欧盟第一次以基础条约的形式明确规定了消费者知情权，并明确承认消费者知情权是一种有别于消费者健康权和安全权的独立权利。因此，该条约将消费者获得信息的利益上升为一种宪法性权利。2010 年的《欧洲联盟运作条约》（the Treaty on the Functioning of the

European Union，简称 TFEU）第 169 条重申了消费者有获得信息的权利。[1]消费者知情权至此在欧盟消费者保护领域被确定下来。尽管这些条约条款属于一种"原则性"权利，并不能直接赋予消费者以权利，但是却赋予欧盟机构义务以确保消费者得到高水平的保护。

2. 欧盟最新食品标签法规［（EU）No 1169/2011 条例］立法中的消费者知情权

2011 年 10 月 25 日，欧洲议会和理事会条例（EU）No 1169/2011 是关于向消费者提供信息的法规，规定了食品信息特别是食品标签管理的一般原则、要求和责任。该条例于 2014 年 12 月 13 日起生效。该条例旨在向消费者提供更加清晰、全面和准确的食品信息。该条例秉承了欧盟以前食品标签立法的原则，即向消费者提供高水平的保护，使消费者获得更多的食品信息，帮助其作出购买选择。

该条例关于向消费者提供信息的规定主要表现在以下部分：

序言第 3 段明确规定，为了实现对消费者的高标准健康保护，以及保障他们的知情权，应确保消费者知晓他们所食用的食品的有关信息。消费者的选择可能受到多方面的影响，例如，健康、经济、环境、社会和道德等因素。第 4 段规定食品法律的一条原则是为了消费者能够对所食用的食品进行知情选择，以及预防可能误导消费者的行为。第 10 段又进一步强调允许消费者进行知情选择对有效竞争和消费者福利两者都是必要的。第 17 段要求强制性食品信息的主要考虑，是能够让消费者确定

---

[1]　Article 169 TFEU："In order to promote the interests of consumers and to ensure a high level of consumer protection, the Union shall contribute to protecting the health, safety and economic interests of consumers, as well as to promoting their *right to information*, education and to organise themselves in order to safeguard their interests."

并恰当地使用食品，做出适合个性饮食需要的选择。第18段规定，为了让食品信息法满足消费者对信息不断变化的需求，考虑任何强制性食品信息时，都应当考虑大多数消费者在披露某些信息方面表现出来的兴趣。该法第4条第2段更进一步指出，考虑到强制性食品的重要，以及消费者进行知情选择的需要时，还应当考虑到大多数消费者了解某些信息的必要性，因为这些信息对消费者具有重要的价值和公认的好处。

以上内容表明，欧盟将消费者知情权作为一项最基本的权利进行保护，食品标签立法中赋予了消费者知情权独立的地位。例如，欧盟（European Community，EC）No 1829/2003和（EC）No 1830/2003是关于转基因食品标签的两个条例，规定了欧盟关于转基因食品标签的基本制度：强制标签。这两个条例的立法基础就是消费者知情权，如（EC）No 1830/2003条例序言第11款规定，有必要确保消费者完全得知转基因生物及其产品，以及用转基因生物生产的食品和饲料，以便消费者能在完全了解的情况下做出选择。

1.4.3 不同立法实践的原因分析

消费者知情权保护是否能够成为食品标签立法的独立理由，其背后蕴含着不同的法理基础，并且和一个国家经济、文化等具体国情相关。消费者想知道的食品信息可能是无限的，并且不同的消费者需要的信息也是不一样的。国家可能基于多种目的干预食品标签，向消费者提供信息就是国家进行食品标签立法所要实现的一个重要目的。国家在进行食品标签立法时首先需要考虑哪些信息应该披露，以及为什么要披露等问题，这与国家的具体国情密切相关。

1. 食品标签信息应该是"需要知情"还是"有权知情"

"需要知情"与"有权知情"关系的实质是需要知道和想知道的关系，从这个角度来看，"需要知情"应该是"有权知情"的一部分。"需要知情"的范围是防止消费者误解和防范真实风险，而"有权知情"的范围是没有限制的。支持"需要知情"的学者认为，消费者知情权是一个主观大于客观的标准，如果允许其作为标签的原因，将会妨碍消费者做出明智的选择。[1]消费者想知道的信息可能是无限的，也没有真实的原则来筛选这些信息。没有限制地迎合消费者可能会引起社会的不良后果。"需要知情"是依靠科学来识别可能对消费者造成损害的信息，即哪些是消费者必须知道的、需要知道的。[2]支持"有权知情"的学者认为，按照本国民众想要知情的信息，制定有关特定食品的标签政策，是一个国家主权的范畴。消费者有权知道，即使科学家认为标签是不必要的，消费者认为标签是重要的决定是压倒一切的。即普通民众有权利知道和选择吃什么是其不可剥夺的人权，即使通过了公共健康和环境安全的要求，如果不给消费者知道其食品中转基因成分信息的权利，转基因食品的监管就是不完整的。[3]

食品标签立法到底应该以"需要知情"还是"有权知情"

〔1〕　Labelling of Foods and Food Ingredients or Additives Produced Through Biotechnology, Discussion Document Prepared by the U. S. Delegation to the Codex Alimentarius Commission (1995).

〔2〕　See Stan F. Benda, "GM Food Labels: Is It the Need to Know or the Right to Know-label What and Why?", A dissertation submitted to the Faculty of Graduate Studies of York University in Partial fulfillment of the requirements for the degree of Doctor of Philosophy, 2009.

〔3〕　See Taiwo A. Oriola, "Consumer Dilemmas: The Right to Know, Safety, Ethics and Policy of Genetically Modified Food", *Singapore Journal of Legal Studies*, Vol. 2002, p. 522.

为基础，需要考虑本国的国情。两种做法各有利弊，"有权知情"的弊端在于消费者想知道的信息是无限的，也没有真实的原则来筛选这些信息，除了利用政治命令。而"需要知情"则可以依靠科学来识别可能对消费者造成损害的信息，即哪些是消费者必须知道的、需要知道的。这样的标签法律才有意义、才有可能获得消费者信任。建立在"需要知情"基础上的食品标签立法依赖于民众对政府的信任。总之，消费者知情权是一项需要保护的重要权利，但它不是一个绝对的权利。政策制定者需要在各种利益和义务之间求得平衡，包括对公众需求的积极回应、应当履行的国际义务等。各国政府需要在消费者知情权保护和实质的、有意义的标签之间做出选择。美国的食品强制标签制度建立在需要知情的基础上，即只有和消费者健康和安全相关的情况下，才需要以食品标签的形式赋予消费者知情权。欧盟的食品标签制度则可以建立在消费者知情权的基础上，并不要求该信息一定与消费者安全、健康问题有关。

2. 食品标签信息应该是"过程信息"还是"产品信息"

随着科学技术的不断发展，食品生产方式和消费习惯也随之改变。同时，消费者对食品的关注已经不仅仅局限在食品是否安全、品质是否良好等这些物理特征上，而是扩展到食品的生产过程和方法等与食品物理特性无关的特征上。消费者在购买食品时无法通过自身的观察来获得这些食品的无形特征信息，只能通过食品标签形式来获得。为了保障消费者在这些方面的知情权，各国日益重视食品标签的作用。例如，"放养"鸡、"公平贸易"咖啡、"海豚安全"金枪鱼以及转基因等新型食品标签大量出现。过程信息是指和产品生产过程相关而对最终产品物理特性没有影响的信息。例如，产品生产过程是否对工人、动物或环境造成损害。而产品信息是指和最终产品物理特性有关的信息，比如，最终产品是否对消费者造成伤害等信息。[1]反对披露过程信息的观点认为，不受约束的消费者选择，将导致社会不良后果。其理由是消费者在认知方面的不足，将导致其不能对过程信息准确理解。因此，拒绝给予消费者过程信息将有助于形成理性的市场需求。

美国 FDA 的食品标签政策是以最终产品为导向的，其理由是应该关注食品本身的特点，而不是食品生产的新方法。因此，食品生产商仅需要披露可能造成健康、安全风险以及引起误解的食品信息，不需要披露那些对食品本身没有影响的生产方法。[2]而欧盟除关注产品本身的信息以外，还以过程信息为基础。

3. 食品标签制度防范的是"真实风险"还是"感知风险"

顾名思义，真实风险是经过技术评估、客观存在的风险，而感知风险则是指消费者预计错误决策行为发生的可能性高低以及错误决策带来负面影响的程度。感知风险是消费者基于自身的经验而判断的风险，具有一定的主观性。感知风险这一概念是从心理学延伸出来的，包括两个因素：（1）决策结果的不确定性；（2）错误决策后果的严重性，即可能损失的重要性。消费者购买选择受到产品特征的心理解释的影响要大于产品本身的物理特征，对食品的感知风险就是影响消费者对食品的态度和购买行为的一种心理因素。

美国将食品强制标签制度建立在需要知情的基础上，即只有存在真实风险的情况下才实施强制标签制度。而欧盟采取的

---

〔1〕 See Douglas A. Kysar, "Preferences for Processes: The Process/Product Distinction and the Regulation of Consumer Choice", *Harvard Law Review*, Vol. 118, 2004, p. 526.

〔2〕 See Lars Noah, "The Imperative to Warn: Disentangling the 'Right To Know' from the 'Need To Know' About Consumer Product Hazards" *Yale Journal on Regulation*, Vol. 11, 1994, p. 293.

风险预防原则，其主要关注的是感知风险。欧美之所以在这一问题上采取了不同的处理方法，有着特定的原因。在食品安全方面，美国民众对政府的信任程度较欧盟高，而正是基于这种信任，美国消费者对食品的感知风险并不太大。欧盟由于食品安全事件频发，导致消费者对食品安全的信心不断下降，对食品的感知风险上升，从而使消费者对食品安全信息的需求不断提高，尤其是针对转基因食品。因此，降低消费者感知风险、增加消费信心是欧盟食品标签的立法需要考虑的问题。

4. 食品的风险决策是"政府包办"还是"自己做主"

食品标签需要披露的信息，是政府认为重要的信息还是消费者觉得重要的信息？这是食品标签立法需要首先解决的一个问题。消费者对于转基因食品的安全性存在疑虑，又无法从食品的物理特征上做出区分。因此，转基因食品的标签制度就显得尤其重要。转基因食品是不是存在风险，这是一个不以人的意志为转移的科学问题，但政府和消费者对食品的风险判断往往并不一致。政府一般依赖科学上的判断，即没有证据表明有危害的情况下则认为是安全的，实行的是"无罪推定"。而消费者对食品风险的判断往往会受到主观因素的影响，同时，消费者又往往要求食品是绝对安全的。即除非有证据证明没有危害，否则就认为有危害，即奉行的是"有罪推定"。那么到底应该由谁来判断食品是否存在风险？政府还是消费者自己？"政府包办"实质上是一种家长式的作风，政府替民众做出食品是不是安全的决定，消费者不需要对此知情。"自己做主"是指当民众对食品是否安全存在疑虑时，即使从科学的角度来讲该食品是安全的，也应该给予民众足够的信息，然后由其自行判断。一些学者认为，人们应该能够控制自己吃什么，应该在国际或国

内的风险评估和风险管理程序中增加民主。[1]在国家层面上，
一些学者认为不仅应该关注专家的意见，也应该关注广大民众
对风险和不确定性的看法。[2]

　　"政府包办"是指由政府替消费者做出哪些信息是重要的决
定，而消费者没有被赋予信息以便自己做出决定。"自己做主"
则是政府将准确信息赋予消费者，然后由消费者自己做出知情
选择。在转基因食品标签制度方面，美国是"政府包办"，而欧
盟让消费者"自己做主"。欧美之所以对食品风险采取了不同的
处理方式，有其深刻的历史原因。美国的消费者信任政府或政
府协会，而欧盟消费者更信任环境、消费者以及农场组织等非
政府组织。20 世纪 90 年代的疯牛病、二噁英等食品安全事件频
发，使欧盟民众对政府持不信任态度。要使消费者对食品安全
感到放心，必须给他们提供充分的信息。因此，民众希望在食
品信息知情的基础上，自己选择。而美国民众信赖政府对食品
安全方面的判断，消费者很少考虑食品风险问题。一些民意调
查印证了这一点，即和其他国家相比，美国民众对其国内的食
品安全更自信。[3]2012 年 3 月国际食品信息委员会（the Inter-
national Food Information Council，IFIC）发布了消费者对食品技
术态度的调查结果，该调查表明自 2007 年以来绝大多数的消费

---

　　〔1〕　See Cary Coglianese & Gary E. Marchant，"Shifting Sands：The Limits of
Science in Setting Risk Standards"，*University of Pennsylvania Law Review*，Vol. 152，
2004，pp. 1275~1277.

　　〔2〕　See Jacqueline Peel，"International Law and the Legitimate Determination of
Risk：Is Democratizing Expertise the Answer"，*Victoria University of Wellington Law Review*，
Vol. 38，2007，p. 363.

　　〔3〕　Int'l Food Info. Council，"2008 *Food Biotechnology：A Study of U. S. Consumer
Attitudinal Trends*"，available at http://www. foodinsight. org/Resources/Detail. aspx？topic=
FoodBiotechnologyA_ Study of U. S. Consumer AttitudinalTrends_ 2008_ Report，最后访问
时间 2014 年 10 月 5 日。

者对美国的食品供应的安全性表示满意。2007 年 69% 的受访者表示满意，2008 年是 68%，2010 年和 2012 年是 69%。大多数消费者表示对现存的联邦关于食品标签的规定感到满意，76% 的受访者表示他们不需要食品标签提供更多的信息。[1]

科学上证明是安全的与民众确实感知到安全，并不总是一致的。一个国家的食品标签政策是应该采取"政府包办"还是"自己做主"的做法，取决于民众对政府的信任程度。在一些食品安全事件频发的国家，往往产生消费者的感知风险和真实风险不一致的情况。在这种情况下不宜采取"政府包办"的做法，不能以对消费者好的名义，使消费者处于不知情状态，强迫消费其不愿意消费的食品。而是应该从两个方面努力：一是需要赋予消费者在食品信息方面的知情权，增加消费者的消费信心；二是需要增加风险交流，通过普及科学知识，继续提供更有力的证据等方法，使消费者真正感到安全。在处理风险问题上，消费者并不是不理性的，只是接受科学知识是需要时间的，大多数消费者是相信科学的。因此，在科学上认为是安全的，而消费者却感知到风险的这一时间段，一方面，应该充分尊重消费者的意愿，使其能够在知情的情况下做出选择；另一方面，允许科学技术的发展与应用，科学最终会得到证明。

本章小结

消费者知情权逐渐成为一项重要的法律权利，各国纷纷进行专门立法以保障该权利的实现。在食品领域的消费者知情权

---

〔1〕 "Consumer Perception of Food Technology", available at http://www.foodinsight.org/content/5438/FINAL%20Summary%205-8-12.pdf，最后访问时间 2013 年 6 月 13 日。

主要通过食品标签措施得以实现，但实施食品标签措施受到各种具体条件的限制。首先，消费者要求提供的信息可能是无限的，而食品标签所提供的信息又是有限的。因此，食品标签只能向消费者提供有限的信息，这些有限信息的选择往往受到标签目的的驱动。其次，对一些人重要的食品信息对另外一些人可能是无足轻重的。例如，基于宗教原因的特别的饮食要求对于信仰该宗教的人来讲是至关重要的，但对其他的人而言则是不重要的。再次，利用标签措施提供信息都是为了得到某种利益，但不管这种利益是否实现都需要为此付出成本，成本–收益的经济分析是决策者不得不考虑的问题。一方面消费者获得信息的权利需要满足，另一方面经营者作为市场主体也有商业言论、经营自由等权利。两者的权利本应在相同位阶上，只是在消费者保护法中，运用利益均衡理论，消费者知情权被赋予了优先保护，但同时也需要维护消费者与经营者之间的合理的、动态的平衡。[1]因此，食品标签到底应该包含哪些信息以及以何种制度提供这些信息的决策，往往会涉及复杂的科学、宗教、道德、经济以及个人信仰等方面的问题。

　　不同食品标签制度对消费者知情权的保障程度不同。强制标签制度能够充分保护消费者知情权，但成本高昂；自愿标签制度主要依靠市场机制运行，由生产者自愿对产品予以标注，其成本较低，但食品的一些负面信息不能在标签中得到反映。各国消费者是食品标签立法的重要利益相关者，在考虑采取何种形式的标签制度时需要考虑消费者的偏好，食品标签需要对消费者在购买食品时的需要和期望予以回应。然而，消费者作为一个群体，包括不同的利益、特征、优先性和关切，这无疑

---

　　〔1〕　参见钱玉文：《消费者权利变迁的实证研究》，法律出版社 2011 年版，第147 页。

对食品标签的立法者提出挑战。食品标签最主要的目的是向消费者提供信息以便其做出知情选择，因此，确定消费者希望得到和需要哪些信息并利用合适的标签制度保障消费者得到这些信息，是各国食品标签立法的关键问题。

采取何种食品标签措施保护消费者知情权属于国家主权范围。欧美食品标签立法中消费者知情权的地位虽然并不相同，但都是建立在本国国情的基础上，属于国家的主权范围。一国实施何种食品标签制度，国内都会有不同的声音。美国国内呼吁在食品标签立法中考虑消费者知情权；欧盟内部针对转基因技术的讨论异常激烈，欧盟也有要求放松欧盟食品标签的管理的呼声。实施何种食品标签制度最终取决于各种力量的博弈。但任何一国的政府在对食品标签进行监管的时候，都不能忽视大多数本国民众的呼声。美国FDA之所以可以不将消费者知情权保护作为采取强制标签制度的理由，是因为美国民众信赖政府对食品安全方面的判断，消费者很少考虑食品风险问题。所以，我们并不能将此理解为美国不尊重消费者知情权。从技术发展和经济角度考虑，美国的食品标签政策是比较理想的。消费者由于知识的局限，没有能力判断食品风险问题。必须相信政府的监管体系是绝大多数社会正常运行的原则，准确的食品标签信息是任何有效政府的必要组成部分。但民众对政府的信任关系也不是一朝一夕就可以建立起来的。美国同样也经历了这样的漫长过程，1906年《纯净食品和药品法》的颁布过程表明美国当时的食品安全状况非常糟糕，民众怨声载道。但经过法律的不断修改和严格的执法，FDA已经成为公信力非常高的一个监管部门。

第❷章
消费者知情权保护的食品标签 措施与 WTO 贸易规则

　　WTO 的基本宗旨是促进贸易自由、减少贸易壁垒，其关注的焦点是各成员实现政策目标所采取的措施是否具有歧视性或构成变相的贸易限制等方面。目前，WTO 各成员日益重视消费者知情权保护问题。同时，国际上并不存在消费者知情权保护的统一规则，如何进行消费者知情权保护属于各成员的国内法事项。WTO 并不是进行消费者知情权保护的最佳场所，但当各成员所采取的消费者知情权保护措施对国际贸易造成影响时，就会涉及该措施是否符合 WTO 义务的问题。食品标签措施是实现消费者知情权的重要手段，同时，又因对国际贸易造成影响而构成非关税壁垒。一方面是 WTO 成员内的消费者知情权需要保护；另一方面是其他 WTO 成员的自由贸易利益需要保护。如何协调消费者知情权保护和贸易自由之间的关系，成为 WTO 不得不面临的问题。

2.1 消费者知情权保护的食品标签措施与 WTO 贸易自由

2.1.1 消费者知情权保护的食品标签措施对国际贸易的影响

　　长期以来，消费者知情权保护问题作为一种非贸易议题一直游离于 WTO/GATT 之外。但自 1962 年肯尼迪总统的《关于保护消费者利益的总统特别国情咨文》发表以来，各国陆续开始针对消费者知情权保护进行专门立法。这一现象在食品领域表现得尤为明显。消费者对食品信息的偏好已经扩展到一些食品看不见的属性上，例如，"放养"鸡、"公平贸易"咖啡、"海豚安全"金枪鱼以及转基因食品等。由于这些属性是与食品物理特性无关的过程信息，消费者无法通过自身的能力获得，只能依靠经营者通过食品标签的形式予以披露。一些国家为了满足消费者渴望得到这些信息的需求，纷纷开始制定相应的食品标签立法。由于这些过程信息往往与食品安全、健康无关，进行这些食品标签立法的基础是保护消费者知情权。在各国的食品标签立法中消费者知情权的地位并不相同，有的国家认为消费者知情权应该成为食品标签立法的独立理由，而有的国家则认为，消费者知情权不能构成食品标签立法的独立理由，除非这些信息影响到消费者的健康、安全。这种不同的立法理念导致了各国不同的食品标签立法实践，而这种不同又会对国际贸易造成影响。近几年来，与消费者知情权保护有关的食品标签措施所引起的国际贸易争端开始出现。2012年美国金枪鱼Ⅱ案和美国COOL案的出现，使消费者知情权保护与贸易自由的冲突问题凸显出来。在WTO体制下讨论消费者知情权保护问题，主要是基于一些国家日益重视食品标签立法的实践对国际贸易造成的影响。上一章介绍了目前各国消费者知情权保护的食品标签立法实践，分析了各国立法不同的原因，并得出是否将消费者知情权保护作为食品标签立法独立理由属于国家主权范围的结论。同时，由于保护消费者知情权的食品标签立法又会对国际贸易造成影响，消费者知情权保护逐渐成为WTO不得不面对的一个重要问题。

食品标签措施在解决与产品特性无关的与PPM有关的环境

保护以及其他的非贸易议题方面发挥重要作用，而一些生态标签、公平贸易标签都可能转化为消费者知情权保护问题。由于目前并不存在关于消费者知情权保护能否成为食品标签立法独立理由的国际规则，[1]一个国家采取何种食品标签制度来保障消费者知情权的实现本来属于国家的主权范围。就转基因食品而言，美欧实施了不同的标签制度。但不管美国实施自愿标签制度还是欧盟实施强制标签制度，都是建立在本国国情的基础上。WTO 成员采取何种消费者知情权保护的食品标签措施属于国家的主权范围。但在现有的国际贸易体制中，几乎所有的国内贸易规则都要受到 WTO 的审查，以判断其是否构成贸易保护主义或变相的贸易限制，当然保护消费者知情权的食品标签措施也不例外。由于各国针对消费者知情权保护能否成为食品标签立法的独立理由的做法并不相同，出口企业为了应对不同国家的要求，必然会增加应对成本。同时，为了保证食品标签内容的准确性，往往规定严格的跟踪和认证要求，而这无疑又加大了生产者的成本。另外，由于各国食品标签要求日益复杂，一些出口商往往会受到语言、知识等方面的限制而产生对食品标签规则的理解不准确或标签的外文表述不准确等问题，这无疑会增加通过报检环节的不确定性。因此，保护消费者知情权的食品标签措施对国际贸易造成的影响越来越大。这些食品标签措施能否在 WTO 当中获得正当性，需要具体分析该措施是否符合 WTO 各个协议的具体规定。

综上所述，WTO 调整消费者知情权保护问题的目的不是为

---

〔1〕 就转基因食品标签而言，CCFL 自 1991 年开始尝试对转基因强制食品标签和自愿标签进行协调。期间共形成了七个文本草案，1997 年文本、2001 年文本、2004 年文本、2008 年文本、2009 年文本、2010 文本和 2011 年文本（只是对现有食品法典相关标准的汇编，删除了对自愿标签和强制标签的建议部分）。因此，并不存在能否依据消费者知情权而对转基因食品实施强制标签制度的国际标准。

了统一各国消费者知情权保护立法，而在于防范贸易保护主义。消费者知情权保护和一个国家的政治、经济、文化以及民族习性等因素密切相关，一国民众认为重要的食品信息，对其他国家民众而言可能是无足轻重的。因此，针对特定食品信息而言，是否赋予消费者知情权都属于WTO各成员的国内事项。即使同一个国家在不同时期采取不同的做法，也是一个国家的国内事项。每一个国家都有权利制定最符合本国民众利益的食品标签立法。但一旦该食品标签立法对国际贸易造成影响，就必然属于WTO的调整范围。WTO主要建立在各成员的非歧视性待遇、非贸易保护主义等承诺的基础上，其主要职责是防止贸易保护主义以促进国际贸易，而不是试图统一各国消费者知情权保护立法。

2.1.2 食品标签措施的政府干预程度与 WTO 的调整范围

WTO法作为国家之间的法，规范的是各成员的政府行为，即承担WTO权利与义务的是各WTO成员政府而不是私人机构。因此，并不是所有的食品标签措施都受到WTO法的调整。一般而言，政府参与程度越深，就越有可能受到WTO法的调整。

强制标签措施是由政府通过法律法规而强制推行的，要求生产者必须通过标签向消费者传递产品特定的信息，主要包括负面信息以及中性信息。其中，要求生产者提供负面信息的目的是警示消费者产品对健康、环境的不利影响、促使生产者转向生产更健康更环保的产品；中性信息标签主要是向消费者提供具有重要价值的信息以便消费者做出购买决定，该信息本身并不产生正面或负面的影响。强制标签措施是政府参与程度最大的标签制度，政府要求生产者必须在其产品上加贴特定信息的标签。这种标签措施并不是完全的市场行为，生产者在是否使用该种标签方面并没有选择性。因此，这种强制标签措施就是一种政府行为，当然属于 WTO 法的调整范围。WTO 的主要目的是促进国际贸易，但并不限制成员制定国内法规的能力。[1]因此，WTO 成员可以追求其政策目标，只要其实施的措施没有以歧视或武断的方式违反 WTO 法的规定。而强制标签制度显然对有标签的产品与没有标签的产品实施了歧视待遇。这种标签制度能否获得正当性，要在个案的基础上分析是否满足 WTO 义务。

自愿标签措施是指只要产品满足预先规定的条件，生产者可以自愿选择是否使用该标签。为了减少干预程度，政府往往会发起自愿标签制度并在其中发挥重要作用，比如，提供统一标准、平衡不同的意见、增加透明度以及对公众更加负责等，但政府并不强制要求生产者必须使用该标签。自愿标签制度往往标注的是产品的正面信息，即反映产品某一方面的正面特征。生产者需要考虑的因素包括同行、公众压力和市场机制等因素，根据自己的情况决定是否采用该标签，政府并不强迫生产者使用标签。食品自愿标签措施对国际贸易的影响已经引起了越来越多的关注，一方面，生产者可以自主决定是否采用该标签体系，自愿标签措施并不直接限制市场准入；另一方面，自愿标签措施又在一定程度上对国际贸易造成影响。自愿标签措施是否构成事实上的非关税壁垒成为一个有争议的问题。尽管自愿标签措施是非强制性的，但却对消费者的购买行为产生影响。最早涉及自愿标签措施的争议可以追溯到 1991 年美国金枪鱼 I 案，专家组认为自愿标签措施本身并不违反 GATT 协议。首先，

---

[1] See Robert Howse, Petros C. Mavroidis, "Europe's Evolving Regulatory Strategy for GMOs-The Issue of Consistency with WTO Law: Of Kine and Brine", *Fordham International Law Journal*, Vol. 24, 2000, p. 318.

专家组审查该措施是否影响金枪鱼产品在美国市场的销售和是否对墨西哥产品造成歧视。由于该标签措施属于自愿性质并不影响金枪鱼产品在美国市场上的销售，因此，专家组认为标签措施所授予的利益是消费者自由选择的结果。其次，该标签措施对所有国家平等适用，并没有对墨西哥产品造成歧视。因此，美国的"海豚安全"标签并没有违反最惠国待遇义务和国民待遇义务。[1]这一裁决表明，不管是建立在产品特性还是与产品特性无关的生产过程和方法基础上的自愿标签措施，都可能符合 GATT 协议。[2]该案是在 GATT1947 时期的案件，其对食品标签的分析比较简单，并且该专家组裁决也没有被采纳。所以，该案对食品标签措施的分析对后续的案件影响不大。在美国金枪鱼 II 案中，政府以法律法规的形式规定了获得"海豚安全"标签的条件，并且不允许使用其他类似的标签。因此，"海豚安全"标签制度就是一种由政府高度参与的自愿标签制度，金枪鱼生产商可以自愿加注"海豚安全"标签，未加注该标签并不影响产品的销售。但专家组和上诉机构都认定美国"海豚安全"标签措施具有强制性，构成了 TBT 协议的技术法规。总之，尽管自愿标签措施并不将标签要求和市场准入挂钩，但也有可能会被 WTO 争端解决机构认为其具有强制性，而构成 TBT 协议所规定的技术法规。

综上所述，食品标签措施是否属于 WTO 的调整范围，需要结合标签措施的具体情况进行判断。食品标签措施受政府的干预程度越高越可能属于 WTO 的调整范围，而政府不干预、完全

---

〔1〕 Panel Report, *US-Tune I*（*Mexico*）（not adopted），para. 5. 42, 5. 43.

〔2〕 See Atsuko Okubo, "Environmental Labeling Programs and the GATT/WTO Regime", *Georgetown International Environmental Law Review*, Vol. 11, 1998 - 1999, p. 625.

按照市场机制运作的食品标签措施并不受 WTO 调整。

2.2 作为新型非关税壁垒的食品标签措施

非关税壁垒（non-tariff Barriers，NTBs）通常也称为非关税措施，是指政府实施的除关税措施之外的对国际贸易造成限制性影响的管理措施。非关税壁垒是当前国际贸易中最复杂、最难以防范的贸易壁垒。传统的非关税壁垒主要包括禁令、数量限制、进出口许可证等措施。食品标签措施在性质上属于非关税壁垒的一种形式，是指进口国要求食品必须符合本国食品标签规则才允许其进口的一种措施。一方面，食品标签措施能够向消费者提供信息保护消费者合法权益，具有合理性和必要性。另一方面，食品标签措施也可能构成变相的贸易限制。近些年来，一些国家尤其是欧美国家不断制定和修改、补充食品标签要求，这些严格的标签要求对国际贸易造成的影响越来越大。伴随着食品标签措施所引发的贸易纠纷日益增多，食品标签措施逐渐发展成为一种新型的非关税壁垒形式。和其他的非关税壁垒（禁令、数量限制等）相比，食品标签措施具有市场导向性、较少的贸易限制和较强的隐蔽性等特点。

2.2.1 食品标签措施具有市场导向性

禁令或数量限制等非关税壁垒往往主要依靠国家干预来实现其目标，而食品标签措施主要是利用消费者的选择来大幅减少某种产品的销售或分销渠道来实现其立法目标。[1]因此，食

---

〔1〕 See Greg Tereposky, "USA Pork and Beef? Dolphin Safe? Low Carbon? Labeling Regulation and the International Trade Rules of the WTO", *International Journal of Legal Information*, Vol. 41, 2013, p. 67.

品标签措施发挥作用往往需要具备以下条件：第一，提高消费者的意识。例如，告知消费者其消费行为将会对环境或健康造成影响，一些产品和另一些产品比较而言对环境或健康更友好等。在与消费者或环境有关的非政府组织的压力下，一些和产品特性无关的生产过程和生产方法相关的食品标签往往在一些市场中具有重要的商业价值。不具备这些特征的食品甚至无法进入市场，这时的食品标签措施会起到类似于禁令的作用。第二，使消费者能够理解标签信息，并愿意为具备某些特征的产品支付额外费用。如果消费者忽视标签的存在或对标签信息不了解，那么，标签措施将无法达到其目的。[1]同样，如果消费者了解食品标签信息，但不愿意为此付出额外费用，标签措施同样无法实现其目的。因此，食品标签措施目标的实现程度，最终依赖于消费者愿意为某种特征的食品支付额外成本意愿的大小。只有消费者能够并愿意对贴有标签的与没有标签的食品做出区分，并在此基础上做出购买决定时，该标签措施才能达到目标。第三，确保标签信息的准确性。标签信息主要反映产品的内在特征，消费者无法从产品外观察觉到。所以，标签措施必须具备一定的认证体系以保证其反映信息的可靠性。否则，消费者将怀疑标签信息的真实性。同时，标签标准频繁改变或存在多个标签体系都会引起消费者混淆。第四，消费者通过标签措施对生产者产生足够大的压力以至于使其改变生产行为，最终使标签措施的目标得以实现。因此，和主要依靠政府的行政命令的禁令、数量限制等措施相比，食品标签措施是最具有市场导向的监管措施。

---

〔1〕 See Avi Gesser, "Canada's Environmental Choice Program: A Model for a 'Trade-Friendly' Eco-Labeling Scheme," *Harvard International Law Journal*, Vol. 39, 1998, p. 504.

2.2.2 食品标签措施具有较少的贸易限制

非歧视性原则是 WTO 法的基本原则，该原则要求不得在不同外国产品之间、进口产品与国内产品之间造成歧视。禁令和数量限制等非关税壁垒措施往往建立在国别基础上，显然具有歧视性。而食品标签措施是针对食品的某一特性而对食品做出区分，并不针对特定的国家。因此，食品标签措施属于来源中性措施，不具有法律上的歧视作用。标签措施主要满足了消费者的消费偏好，通过消费者的知情选择而对食品进行区分。所以，标签措施和其他的监管措施相比，对贸易造成的影响更小。在 WTO 争端实践中，专家组和上诉机构在对 GATT1994 协议第20 条分析时，往往会认为标签措施是比禁令、数量限制等措施更少限制贸易的替代措施。例如，在泰国香烟案中，专家组认为严格的标签措施是一种既符合关贸总协定的规定又能实现保护人类生命健康的替代措施；[1]美国金枪鱼Ⅰ案中专家组裁定美国标签措施符合 GATT 协议。[2]因此，政府往往更愿意采取标签措施，通过消费者的选择促使生产者生产更环保、更健康的食品，而不是直接的限制或禁止措施。

2.2.3 食品标签措施具有较强的隐蔽性

尽管标签措施本身并不限制产品进入市场，但也可能构成实质上的技术障碍或者造成不公平的市场竞争。国内生产者往往更能影响本国标签措施的制定，包括标签使用标准的制定。

---

〔1〕 See Panel Report, *Thailand-Restrictions on Importation of and Internal Taxes on Cigarettes* (*Thai-Cigarettes*), DS10/R, adopted 7 November 1990, para. 77.

〔2〕 See Panel Report, *United States-Restrictions on Importation of Tuna* (*US-Tune I* (*Mexico*)), GATT/BISD39S/155 (DS21/R), unadopted, para. 5. 43.

相对于国内生产者而言，国外生产者很少有机会参与这些标准的制定。而检测、认证等程序又会使外国生产者面临成本、语言等诸多困难，尤其当生产者同时向不同的国家出口而不同国家的标签要求不一样时，这种困难更为明显。同时，一些国家往往还会利用技术、经济等方面的优势，通过制定表面通用的标签措施限制国际贸易，具有较高的隐蔽性和杀伤力。例如，可以设计有利于本国产品的标签标准、复杂的实施程序等，这些标签要求虽然来源中性，但却可能对进口产品产生不利影响，构成事实上的歧视。

由上述分析可知，由于禁令、数量限制等常用的非关税壁垒，主要是利用国家干预的形式直接限制国际贸易。WTO 对这些非关税壁垒规定了极为严格的义务，只有在明确规定的例外情形中才可使用。例如，GATT1994 协议第 11 条所列举的几项例外情形和第 12 条允许为保障国际收支而实施限制。而食品标签措施本身并不禁止产品流动，并且可以平等地适用于国内产品和外国产品，也更有可能获得 WTO 的支持。因此，食品标签措施受到了越来越多国家的重视。

2.3 消费者知情权保护的食品标签措施
与相关的 WTO 协议

WTO 是一个内容庞杂的法律体系，涵盖多个法律协议。其中附件 1A 是货物贸易多边协议，包括《实施动植物卫生检疫措施的协议》（SPS 协议）、《技术性贸易壁垒协议》（TBT 协议）、1994 年《关税与贸易总协定》（GATT1994 协议）等。食品标签措施属于货物贸易的调整范畴，SPS 协议、TBT 协议中都明确将标签要求作为其调整范围，而 GATT1994 协议虽然没有明确提及标签要求，但作为调整货物贸易的一般协议，一切影响货物自由贸易的措施都应该属于其调整范围。因此，食品标签措施主要受到 TBT 协议、SPS 协议以及 GATT1994 协议的调整。但这三个协议都没有明确提及消费者知情权，消费者知情权既不在 GATT1994 第 20 条一般例外条款之中，也不在 TBT 协议第 2.2 条规定明确列举的合法目标之中，而 SPS 协议更是将其范围界定在与食品安全有关的措施上。因此，消费者知情权保护的食品标签措施到底与哪些 WTO 协议相关需要做进一步分析。

2.3.1　TBT 协议

TBT 协议的主要目的是确保技术法规、标准与合格评定程序不会对国际贸易产生不必要的障碍，寻求在自由贸易和各成员为了追求合法目标而实施贸易措施的监管权之间的平衡。为了保护人类、动植物生命、保护环境或防止欺诈行为等目的而采取的措施在 TBT 协议框架下是允许的，只要该措施不在"情况相同的国家之间构成任意或不合理的歧视"的手段或构成"对国际贸易的变相限制"。[1]TBT 协议中多次提及标签要求，表明食品标签可能属于 TBT 协议的调整范围。TBT 协议在序言中指出："……期望这些技术法规和标准、包括对包装、标志和标签的要求，以及对技术法规和标准的合格评定程序不要给国际贸易造成不必要的障碍……"TBT 协议附件 1 规定的技术法规和技术标准的定义中也明确提及了标签要求，[2]通过文本解

---

〔1〕　参见付文佚：《转基因食品标识的比较法研究》，云南大学出版社 2011 年版，第 266 页。

〔2〕　TBT 协议附件 1 中规定：技术法规是指"规定强制执行的产品特性或其相关工艺和生产方法、包括适用的管理规定在内的文件。该文件还可包括或专门关于适用于产品、工艺或生产方法的专门术语、符号、包装、标志或标签要求"。技术标准是指"被公认机构批准的，非强制性的，为了通用或反复使用的目的，为产品、加工或生产方法的术语、符号、包装、标志或标签要求方面的内容"。

释不难发现，在技术法规和技术标准的定义中使用了非常相似的语言，特别是第二句使用了同样的表述，都明确提及了"标签要求"。因此，食品标签措施既可以属于技术法规，也可能属于技术标准，区分两者的关键在于标签体系是否具有强制性。TBT协议针对技术法规的要求要严于技术标准。涉及技术法规的核心条款包括第2.1条、第2.2条和第2.4条。其中，第2.1条要求标签措施必须满足最惠国待遇和国民待遇义务；第2.2条进一步要求标签措施不得对贸易产生不必要的贸易障碍；第2.4条要求标签措施必须以国际标准为基础，除非国际标准不能实现合法目标。一旦认定食品标签措施是建立在国际标准的基础上，就推定该措施没有对国际贸易造成障碍。技术标准的核心条款是第4.1条，该条要求WTO各成员应保证其中央政府标准化机构接受并遵守本协议附件3的标准制定、采用和实施的良好行为规范，并应采取他们能够采取的适当措施确保其境内的地方政府和非政府组织接受并遵守该良好的行为规范。

1. 食品标签措施构成技术法规的条件

食品标签措施是否构成技术法规，是判断措施是否属于TBT协议调整范围的前置性问题。上诉机构在欧盟石棉案中，发展出判断技术法规的三步分析法：[1]一是文件必须适用于一种可识别的产品或一组产品，但是"可识别"（identifiable）并不需要在文件中进行明示的指出。二是法规文件必须界定产品的一个或多个特征。这些特征可以是产品本身的特征，也可以是产品相关的外在产品特性。对产品特性的描述可以是积极的方式，也可以用消极的方式。三是符合该产品特征必须是强制

---

〔1〕 Appellate Body Report, *European Communities-Measures Affecting Asbestos and Asbestos-Containing Products* (*EC-Asbestos*), WT/DS135/AB/R, adopted 5 April 2001, paras. 66~70.

性的。后续的美国金枪鱼 Ⅱ 案以及美国 COOL 等案件都利用了这一分析方法。

（1）文件必须适用于一种可识别的产品或一组产品。技术法规必须适用于一种可识别的产品或一组产品，否则规则在实践中无法实施。因此，技术法规必须适用于可识别的产品。[1]食品标签措施的本质就是按照食品的特性对食品进行区分：符合标签措施的食品和不符合标签措施的食品，并对食品进行区分管理。所以，食品标签肯定要适用于某种食品，因此比较容易满足第一个条件。在已有涉及食品标签措施的案件，像美国金枪鱼 Ⅱ 案以及美国 COOL 案等案件中，被诉方对这一点都没有提出质疑。

（2）文件必须规定了产品的一个或多个特征。产品特性包括任何客观上可以界定的特征、品质、属性以及其他可用于区分产品的特征。TBT 协议附件 1.1 条的技术法规的定义本身列举了一些属于产品特征的情况，例如，专门术语、符号、包装、标志或标签要求等。这些例子表明，产品特性不仅包括产品本身所固有的特点和品质，而且还包括相关的特征，如产品识别的方法、产品的外观和介绍。因此，TBT 协议有关技术法规定义的第二句并不是独立于第一句话，第二句所列举的术语中的一种或几种属于第一句中的"产品特征"。[2]由此可以看出，在 TBT 附件 1.1 条"技术法规"的定义中，明确提及了包含"标签要求"，"标签要求"本身就是对产品的一种区分方式。至于"标签要求"是否属于产品或产品的生产过程或生产方法的范围，则没有必要考虑。只要该标签措施同时满足技术法规的另外两个条件，就属于技术法规。因此，即使食品标签是建

---

〔1〕　Appellate Body Report, *EC-Asbestos*, para. 70.

〔2〕　Panel Report, *US-Tuna* Ⅱ （*Mexico*）, para. 7.79.

立在与食品物理特性无关的生产过程或生产方法的基础上，也属于 TBT 协议的调整范围。

（3）文件必须是强制性的。"标签要求"在技术法规和技术标准中的含义是相同的，不管是自愿标签还是强制标签都要求满足一定的条件，才允许使用标签。如果不管是否满足条件都可以使用标签，那么标签将没有意义。因此，"强制性"与"标签要求"的内涵是不同的，"标签要求"并不构成技术法规所要求的强制性，"标签要求"本身也不能区分技术法规和技术标准。在美国金枪鱼 Ⅱ 案中，美国的"海豚安全"标签由美国法律强制实施，这是构成"强制性措施"的一个特征，但仅靠这一点并不能将其与防止消费者欺诈的一般法律所保护的技术标准区别开来。[1]尽管美国没有规定进入美国市场的金枪鱼产品必须具备"海豚安全"标签，但美国禁止使用其他类似的表明"海豚安全"的标签，将其他的"海豚安全"标签视为欺诈行为。即美国"海豚安全"标签措施具有排他性，只有遵守《海豚保护消费者信息法》的规定才能使用"海豚安全"的标签。美国认为，技术法规所要求的"强制性"是指产品必须使用标签，否则不能进入市场。而在本案中，没有"海豚安全"标签的金枪鱼产品是允许在市场上销售的，生产者可以选择是否标注"海豚安全"标签。因此，美国的"海豚安全标签"措施不具有"强制性"。但上诉机构认为，TBT 协议附件 1.1 条技术法规的定义中并没有提及"市场"，也没有表明"强制性"是指只有使用特定的标签才能在市场上销售。[2]即技术法规所要求的"强制性"并不一定和市场相联系。即尽管美国并不要求在市场上销售的金枪鱼产品必须具有"海豚安全"标签，但

---

〔1〕 Panel Report, *US-Tuna* Ⅱ（*Mexico*），para. 7. 142.

〔2〕 Appellate Body Report, *US-Tuna* Ⅱ（*Mexico*），para. 196.

美国禁止使用其他类似的标签。最终得出结论，美国的"海豚安全"标签措施具有强制性。因此，判断标签措施是否具有强制性需要根据案件的具体情况来判断。首先，标签措施由法律规定，这是属于技术法规强制性的一个必要条件但不是充分条件。政府的参与程度作为决定一项措施强制特征的相关因素。如果标签措施是由非政府组织建立和监管，不是建立在立法的基础上，则很可能构成技术标准或者不属于 TBT 协议的调整范围。单由措施的性质，并不能得出该措施到底属于技术法规还是技术标准。其次，技术法规所要求的强制性并不当然与市场准入挂钩，带有市场准入性质的标签措施一定是技术法规，但不带市场准入性质却具有排他适用的标签措施也可能属于技术法规。即强制性标签必然属于技术法规，但不与市场准入联系的自愿标签制度也可能属于技术法规。美国的"海豚安全"标签措施是由美国立法和联邦机构的法规和行政条款组成。该措施规定了单一的、具有法律强制力的"海豚安全"标签定义并且禁止使用其他"海豚安全"标签。因此，美国的"海豚安全"标签措施具有强制性。[1]

　　由上可以看出，专家组和上诉机构对"技术法规"的解释是非常宽泛的。这主要表现在两个方面：一是产品特性的认定，即使标签要求完全基于与产品特性无关的生产过程和生产方法，也将其解释为规定了产品的特性。二是强制性的认定，没有食品标签并不影响产品销售但其标签要求是唯一的（只有满足该条件才被允许使用标签）的情况，也被专家组和上诉机构认为具有强制性。例如，在美国金枪鱼 II 案中，没有"海豚安全"标签的金枪鱼产品可以在市场上销售，但只有满足了美国规定

---

〔1〕　Appellate Body Report, *US-Tuna* II *(Mexico)*, para. 199.

的"海豚安全"标签要求的情况下才允许使用该标签。在这种情况下，仍被认定具有强制性。这种对技术法规的宽泛解释，将导致更多的食品标签措施被纳入 TBT 协议技术法规的调整范围。

2. 技术法规与技术标准的区分

食品标签措施是构成强制性的技术法规还是自愿性的技术标准，必须根据争议标签措施的具体情况以个案的方式决定。[1]具体需要考虑的因素包括：措施的来源、管理性质、实施与执行等。措施的来源影响一项措施是否具有强制性特征，如果是法律法规的形式，则表明政府的参与程度较高，含有管理与规范的性质。如果不是以法规的形式表现的、由私人组织主导制定的措施，往往被认为不具有强制性。此外，标签体系的实施与执行也会影响技术法规的认定。而 WTO 成员对食品标签的分类对该认定并无直接影响，例如，在美国金枪鱼 II 案中，美国认为"海豚安全"标签并没有与市场准入相联系，因此，该标签应该属于自愿标签，并不具有强制性。一名专家组成员也认为"海豚安全"标签应该属于标准而非技术法规，并在专家组报告中写入了单独意见。但多数专家组成员和上诉机构不同意将市场准入作为一个核心标准，并认为美国对"海豚安全"标签的定义是唯一的，不允许使用其他的标准。因此，"海豚安全"标签存在着特别的执行机制，超过了自愿标签普遍执行的方式，"海豚安全"标签措施最终被认为是技术法规。[2]这一解释将导致一些在国内被认为是自愿标签的措施也会被认为属于技术法规。

综上所述，食品标签措施是否属于 TBT 协议的调整范围以

---

〔1〕 Appellate Body Report, *EC-Asbestos*, para. 64.

〔2〕 参见左文君："涉 TBT 协议案件关于技术法规的裁决标准及其影响"，载《江西社会科学》2015 年第 1 期。

及是构成技术法规还是技术标准，主要取决于政府的干预程度。私人主导型自愿标签制度是在没有政府干预的情况下按照市场的力量运作，则既不属于技术法规，也不属于技术标准。政府主导型强制食品标签制度则属于 TBT 协议的技术法规，而政府主导型自愿标签制度既有可能成为技术标准，也有可能成为技术法规，这主要取决于该自愿标签制度是否具有"强制性"。

3. 食品标签措施在 TBT 协议下的义务

（1）技术法规。具有强制性的食品标签措施属于 TBT 协议下的技术法规，TBT 协议第 2.1 条、第 2.2 条具体规定了实施技术法规所应该遵循的义务。第 2.1 条要求各成员实施的技术法规必须满足国民待遇义务和最惠国待遇义务。[1]第 2.2 条表明 TBT 协议允许成员采取技术法规以实现其合法目标，但不得超过必要的贸易限制。[2]其中，TBT 协议第 2.2 条对"合法目标"的列举中并不包括消费者知情权，但防止欺诈行为却与消费者知情权相关，同时该条属于一种非穷尽式列举的方式。消费者知情权能否构成 TBT 协议第 2.2 条规定的合法目标，需要由专家组或上诉机构根据个案的情况具体确定。美国金枪鱼 II 案、美国 COOL 案中对这一问题都做了一定的分析，这一问题将在下一章详细论述。

（2）技术标准。由于构成技术标准的食品标签措施不具有

---

〔1〕　TBT 协议第 2.1 条规定："各成员应保证在技术法规方面，给予源自任何成员领土进口的产品不低于其给予本国同类产品或来自任何其他国家同类产品的待遇。"

〔2〕　TBT 协议第 2.2 条规定："各成员应保证技术法规的制定、采用或实施在目的或效果上均不对国际贸易造成不必要的障碍。为此目的，技术法规对贸易的限制不得超过为实现合法目标所必需的限度，同时考虑合法目标未能实现可能造成的风险。此类合法目标特别包括：国家安全要求；防止欺诈行为；保护人类健康或安全、保护动物或植物的生命或健康及保护环境。在评估此类风险时，应考虑的相关因素特别包括：可获得的科学和技术信息、有关的加工技术或产品的预期最终用途。"

强制性，自愿食品标签措施可能构成 TBT 协议的技术标准。在自愿标签情况下，是否使用标签完全基于生产者的判断，同行、公众的压力以及市场的需求是生产者需要考虑的重要因素，而政府并不强迫生产者使用该标签。因此，这类标签措施主要是利用了市场机制运作，往往被认为是贸易限制更少的措施。TBT协议对技术标准的义务主要集中在该协议第 4 条，[1]该条所规定的成员义务要明显低于对于技术法规的义务，特别是"能够采取的措施确保"的规定表明这一义务的弹性。和禁令、数量限制以及强制标签措施相比，属于技术标准的自愿标签措施是完全市场导向型的措施，对国际贸易造成的限制也最小，也最有可能符合 WTO 协议的措施。迄今为止，WTO 并没有在 TBT协议下处理过一起有关属于技术标准的自愿标签措施的案件。因此，本书并不对属于技术标准的自愿标签措施进行详细分析。

2.3.2 SPS 协议

SPS 协议附件 A 第 1 条规定了 SPS 措施定义中明确提及了与食品安全直接相关包装和标签要求，[2]因此，食品标签措施可能属于 SPS 协议的调整范围。

---

　　〔1〕 TBT 协议第 4 条规定："各缔约方应保证其中央政府标准化机构接受并遵守本协定附件 3 中的标准制定、采用和实施良好行为规范（在本协定中称为规范）。缔约方采取他们能够采取的适当措施确保其境内的地方政府和非政府标准化机构以及他们参加的或其境内有一个或多个机构参加的地区标准化组织接受并遵守这个良好行为规范。此外，缔约方不应采取措施直接或间接鼓励这些标准化机构违反此良好行为规范。不管标准化机构是否已接受良好行为规范，确保其境内的标准化机构遵守良好行为规范条款是各缔约方的义务。"

　　〔2〕 "卫生与植物卫生措施包括所有相关法律、法令、法规、要求和程序，特别包括：最终产品标准；工序和生产方法；检验、检查、认证和批准程序；检疫处理，包括与动物或植物运输有关的或与在运输过程中为维持动植物生存所需物质有关的要求；有关统计方法、抽样程序和风险评估方法的规定；以及与食品安全直接有关的包装和标签要求。"

1. SPS 协议适用范围

SPS 协议附件 A 规定成员实施卫生与植物卫生措施限于四种情况[1]，主要是为了保护动植物生命和健康、人类健康等目的而采取的措施。因此，SPS 协议承认 WTO 成员有权利采取卫生措施来保护人类、动植物健康，但要求这些措施是保护人类、动植物生命和健康所必需的。SPS 协议是对 GATT1994 协议第 20 条（b）款的具体化，是对第 20 条一般例外 b 款"保护人类及动植物的生命或健康"措施所做的进一步的解释。SPS 协议第 2.4 条[2]规定符合 SPS 协议的措施被认为同样符合 GATT1994 协议，不需要再在 GATT1994 协议中做进一步分析。

2. 与食品安全相关的食品标签措施属于 SPS 协议的调整范围

SPS 协议附件 A 对卫生措施定义中，明确规定卫生措施包括与食品安全直接相关的包装和标签要求。因此，和食品安全相关的标签措施属于 SPS 的调整范围。食品标签措施主要受到 SPS 协议第 2.2 条[3]、第 2.3 条[4]调整。第 2.2 条要求食品

---

〔1〕　这四种情况分别是"（1）保护成员领土内的动物或植物的生命或健康免受虫害、病害、带病有机体或致病有机体的传入、定居或传播所产生的风险；（2）保护成员领土内的人类或动物的生命或健康免受食品、饮料或饲料中的添加剂、污染物、毒素或致病有机体所产生的风险；（3）保护成员领土内的人类的生命或健康免受动物、植物或动植物产品携带的病害，或虫害的传入、定居或传播所产生的风险；（4）防止或控制成员领土内因虫害的传入、定居或传播所产生的其他损害。"

〔2〕　SPS 协议第 2.4 条："符合本协议有关条款规定的动植物卫生检疫措施，应被认为符合各成员在 GATT1994 协议有关动植物卫生检疫措施的义务，特别是第 20 条（b）款的规定。"

〔3〕　SPS 协议 2.2 条："成员方应确保卫生或植物检疫措施仅运用到为保护人类、动物或植物的生命或健康所必需的程度，并以科学原理为依据，若没有充分的科学依据便不再坚持，但第 5 条第 7 款规定除外（即在科学依据不充分的情况下，在一定条件下可以临时采取卫生和植物检疫措施）。"

〔4〕　SPS 协议第 2.3 条："成员方应确保其卫生和植物检疫措施不在情况相同或类似的成员方之间，包括在成员方自己境内和其他成员方境内搞任意或不正当的差别待遇。卫生和植物检疫措施不应以对国际贸易构成变相限制的方式应用。"

标签措施必须与食品安全有关，且有科学证据的支持。即 WTO
成员可以为了保护食品安全而对贸易进行限制，但该措施必须
建立在科学原则、风险评估的基础上。第 2.3 条要求食品标签
措施不得在条件相同或相似的成员国之间造成歧视、构成对贸
易的限制。

3. 以消费者知情权保护为目标的食品标签措施不属于 SPS
协议的调整范围

食品标签措施的目标可以分为两种：一种是通过向消费者
提供信息以达到某种目的，例如，健康、安全等；另一种是其
目的就是向消费者提供信息，而与消费者健康安全无关。如果
食品标签措施的目标是食品安全而不是仅仅在于向消费者提供
信息，在这种情况下并不需要以消费者知情权保护为理由来进
行抗辩，保护消费者健康、安全成为其获得正当性的最佳理由。
这类案件就成为保护人类健康、安全的案件，是比较常见的
WTO 案件。如果食品标签措施与食品安全无关，其目标就是向
消费者提供信息。这种情况下的食品标签措施要想获得正当性
的唯一理由就是消费者知情权保护，SPS 协议并不调整这种情
况。在欧共体生物技术产品案中，欧共体宣称其禁止进口转基
因产品的目的之一是防止消费者被新颖食品所误导。[1]专家组
认为，确保消费者不被新颖食品所误导，并不构成消费者健康
和安全的保护措施，而这一目标并不属于 SPS 协议附件 A 第 1
条的调整范围。[2]专家组将防止消费者被误导与防止消费者接
触不安全食品两个目标相区分，其原因在于 SPS 协议调整的是

---

〔1〕 Panel Report, *European Communities-Measures Affecting the Approval and Mar-keting Biotech Products (EC-Approval and Marketing Biotech Products)*, WT/DS291/R, WT/DS292/R, WT/DS293/R, paras. 6. 52, 6. 60.

〔2〕 Panel Report, *EC-Approval and Marketing Biotech Products*, para. 7. 410.

食品安全问题而不是防范误导消费者。因此，向消费者提供信息的食品标签措施并不属于 SPS 协议的调整范围。

　　SPS 协议和 TBT 协议都对食品标签措施进行调整，因此，首先需要判断争议的食品标签措施到底应该属于哪个协议来调整。TBT 协议第 1 条第 5 款明确规定"本协议条款不适用于 SPS 协议附件 A 中所定义的卫生措施"。同时，SPS 协议第 1 条第 4 款规定"对不在本协议范围之内的措施，本协议不应影响各成员在 TBT 协议下所享有的权利"。因此，SPS 协议的适用是优先于 TBT 协议的，如果食品标签措施属于 SPS 协议的调整范围，TBT 协议将不再调整该标签措施。当食品标签措施的目标是食品安全而不是仅仅在于向消费者提供信息，那么该标签措施则属于 SPS 协议的调整范围。这时，保护消费者健康、安全就成为其获得正当性的最佳理由，消费者知情权保护则成为该措施的次要目标，SPS 协议要求这种食品标签措施必须以科学证据为依据。如果食品标签措施与食品安全无关，其目标就是向消费者提供信息，那么该措施就不再属于 SPS 协议而是 TBT 协议的调整范围。这种情况下的食品标签措施获得正当性的唯一理由就是消费者知情权保护。由于 SPS 协议要求食品标签措施必须与食品安全有关，且需要严格的风险评估、科学证据的支持。一些食品标签措施特别是建立在生产方法和生产过程基础上的食品标签措施，很难达到这一要求。所以，一些 WTO 成员为了避免其食品标签措施适用 SPS 协议的调整，往往会宣称其食品标签措施不是建立在食品安全的基础上，而是以向消费者提供信息为目标，即为了保护消费者知情权。这时，向消费者提供信息的食品标签措施就属于 TBT 协议的调整范围。总之，由于 TBT 协议并不要求食品标签措施必须以科学为依据，导致一些国家往往希望其食品标签措施适用于 TBT 协议而不是 SPS 协议。

2.3.3 GATT1994 协议

GATT1994 协议作为调整货物贸易的最基础的协议，当然适用对国际贸易造成影响的食品标签措施。食品标签措施建立在食品特性的基础上，GATT1994 协议并不禁止这种以产品特性为基础的标签措施，但需要满足 GATT1994 协议的义务。例如，GATT1994 协议第 1.1 条的"最惠国待遇"和第 3.4 条的"国民待遇"等义务。最惠国待遇义务是指 WTO 成员给予其他国家的任何贸易优惠都应立即、无条件地给予其他成员方；国民待遇义务是指 WTO 成员给予来自其他成员的产品的待遇不得低于给予本国同类产品的待遇。这两种义务都强调非歧视性，而歧视性分为法律上的歧视和事实上的歧视。食品标签措施一般只针对食品的某一特性，而不是针对特定的国家，往往是来源中性的措施。所以，一般情况下并不构成法律上的歧视。但食品标签措施的实施可能会造成事实上的歧视，这同样会违反非歧视待遇义务。GATT1994 协议第 20 条属于一般例外条款，违反了非歧视待遇义务的食品标签措施如果符合该条的规定则可以获得正当性。WTO 成员往往利用该条来为发生争议的贸易限制措施辩护。该条款规定了十项具体例外情况，其中用的比较多的是（b）款"为保障人民、动植物的生命或健康所必需的措施"、（g）款"与保护可用竭自然资源有关，并与限制国内生产和消费一同实施的措施"以及（d）款"为保证某些与本协定的规定并无抵触的法令或条例的贯彻执行所必要的措施……以及防止欺诈行为所必需的措施"等三个条款。一旦争议措施被专家组或上诉机构认为符合第 20 条一般例外条款，那么该贸易限制措施就获得了正当性。WTO 争端解决机构需要在成员援引 GATT1994 第 20 条例外的权利与其他成员的条约权利之间求得平衡。

　　WTO 成员实施的食品标签措施同样可以利用一般例外条款来进行抗辩，如果实施食品标签措施的目的是为了保护人类、动植物生命和健康，则与第 20 条（b）款有关。例如，警示标签、营养标签等。如果实施食品标签措施的目的是为了保护可用竭自然资源，则与（g）款相关。例如，生态标签等。这些保护人类健康、保护环境相关的食品标签措施，也是通过赋予消费者以知情权的形式来达到目的的。但在这些情况下消费者知情权只是一种手段，食品标签措施的目的并不仅仅在于赋予消费者知情权，最终目的在于保护消费者健康或者保护环境。因此，可以直接以第 20 条的（b）和（g）款来为这些食品标签措施抗辩。但是如果食品强制标签措施的目的和健康、环境无关时，向消费者提供信息直接成为食品标签措施的目的。GATT1994协议第 20 条的十项具体例外条款并不包括消费者知情权的保护，并且该条是穷尽性列举。因此，向消费者提供信息的食品标签措施要想基于第 20 条获得正当性，就必须要利用某一种具体例外进行抗辩。和消费者知情权保护最相关的具体例外是第20 条（d）款，该款规定为保证与本协定规定不相抵触的法律或法规得到遵守所必需的措施可以获得正当性，其中，对"不相抵触的法律法规"的列举中提及"防止欺诈行为"与消费者提供信息有一定的关系。利用 GATT1994 协议第 20 条（d）款能否成为消费者知情权保护的抗辩依据，需要依靠专家组和上诉机构对该款的解释。迄今为止，还没有一个食品标签措施案件利用该款来为消费者知情权抗辩。

　　在实践中，专家组和上诉机构对 GATT1994 协议第 20 条往往采取从严解释的方法，利用该条获得正当性的情况非常少见。迄今为止，只有在欧共体石棉案中被援引成功。但 WTO 争端解决实践对 GATT1994 协议第 20 条的解释也在不断发展，有逐渐宽松之势。例如，在 GATT 时期，并没有援引 GATT 成功的案例。进入 WTO 时期之后，情况有所改变。开始有一些案件满足了 GATT1994 协议第 20 条的某项具体例外，但满足该条序言的案件并不多。迄今为止，只有欧共体石棉案中的争议措施完全满足了 GATT1994 协议第 20 条的要求而获得了正当性。取得了全胜。[1]这在一定程度上说明 GATT1994 协议第 20 条并不是不可逾越的。具体到食品标签措施能否满足 GATT1994 协议第 20 条的条件，需要基于个案的具体情况来进行判断。一般而言，食品标签措施如果能够满足以下三点，就比较容易通过 GATT1994 协议第 20 条的检验：一是标签措施必须是有效的，即必须能够传递真实有效的信息；二是得到国际社会支持或国际协议的接受；三是对其他成员来讲是公平的。[2]

2. 3. 4 GATT1994 协议、TBT 协议之间的关系

由上一部分的分析可知，以消费者知情权为目的的食品标签措施并不属于 SPS 协议的调整范围，这种食品标签措施属于 GATT1994 协议与 TBT 协议的调整范围。如何处理 GATT1994 协议与 TBT 协议之间的关系以及适用顺序，是解决食品标签措施争议的一个重要问题。

1. GATT1994 协议与 TBT 协议条款的冲突解决

WTO 法是一个内容庞大的体系，包括多个协议。其中，《关于建立 WTO 的协定》（简称 WTO 协定）第 16 条第 3 款规定

---

〔1〕 参见左海聪："GATT 环境保护例外条款判例法的发展"，载《法学》2008 年第 3 期。

〔2〕 See John J. Emslie, "Labeling Programs as a Reasonably Available Least Restrictive Trade Measure under Article XX's Nexus Requirement", *Brooklyn Journal of International Law*, Vol. 30, 2005, p. 545.

"在本协定的条款与任何多边贸易协定的条款产生抵触时，应以本协定的条款为准。"该规定说明 WTO 协定具有最高法律效力，优先于各附件协议，包括 GATT1994、SPS 协议、TBT 协议等。而各附件的关系则各不相同，其具体关系依赖于其各自的规定。WTO 关于附件 1A 的总体解释性说明表明，当 GATT1994 协议与 WTO 附件 1A 的其它协议的条款发生冲突时，其他协议条款优先。这种情况下，GATT1994 协议与其他协议的关系类似于一般法和特殊法的关系，在发生冲突时，特殊法优先。SPS 协议、TBT 协议就属于附件 1A 列明的其他协议，当 GATT1994 协议与 SPS 协议或 TBT 协议的条款有冲突时，SPS 协议、TBT 协议条款的效力优先于 GATT1994 协议条款。当 GATT1994 协议与 SPS 协议与 TBT 协议没有直接冲突的情况下，则同时适用。同时，SPS 协议第 2.4 条规定符合 SPS 协议的措施被认为同样也符合 GATT1994 协议的义务。而 TBT 协议中并没有类似于 SPS 协议第 2.4 条的规定，TBT 协议只是在其序言中提及"为了进一步实现 GATT1994 的各项目标"，但这一表述并没有进一步明确 TBT 协议与 GATT1994 协议之间的关系。总之，GATT1994 协议与 TBT 协议存在如下关系：GATT1994 协议与 TBT 协议条款发生冲突时，TBT 协议条款的效力优先；当争议措施符合 TBT 协议时，并不当然满足 GATT1994 协议的规定。

2. 适用的优先顺序

涉及以消费者知情权保护为目的的食品标签措施争议，申诉方和被诉方往往会同时根据 GATT1994 协议和 TBT 协议的相关条款来主张其诉求或抗辩。这就需要专家组考虑两协议的分析顺序。尽管专家组根据习惯往往会根据申诉方所主张的顺序进行分析，但专家组并不受申诉方所主张顺序的约束。即如果专家组认为这种顺序不合适时，专家组的分析可以偏离申诉方所主张的顺序，[1]而根据每一个案件所涉及条款之间特殊关系的本质来判断是否存在规定的分析顺序。TBT 协议以及GATT1994 协议都是 WTO 协议附件 1A 的组成部分，在具体案件中决定两个条款之间的关系时，首先需要判断是否存在强制性的分析顺序，即如果没有按照这种法定的强制性的顺序进行分析就是不合法的。[2]如果 GATT1994 协议中的条款与 WTO 协议附件 1A 的其他协议条款同时适用……，就某一个问题而言，应该首先分析具体的、详细的协议条款。[3]在实践中，当案件同时适用GATT1994 协议与 TBT 协议时，专家组往往会先适用 TBT 协议进行分析，而后根据司法经济原则不再对 GATT1994 协议进行分析。专家组在欧共体石棉案中指出，TBT 协议和 GATT1994 协议都是 WTO 协议附件 1A 的组成部分，二者可以同时适用，但在适用上存在着前后顺序。上诉机构在欧共体进口销售分销香蕉救济案中指出，当 GATT1994 协议与附件 1A 中的其他协议同时适用时，后者优先适用。其理由是后者的规定更为详尽和细节化。因此，由于 TBT 协议比 GATT1994 协议规定得更为具体详细而优先适用。后续发生的一些案件，例如，美国丁香烟案、美国金枪鱼Ⅱ案、美国 COOL 案等案的专家组都是先分析

---

〔1〕 Appellate Body Report, *Untied States-Laws, Regulations and Methodology for Calculating Dumping Margins* （"*Zeroing*"）*-Recourse to Article* 21. 5 *of DSU by the European Communities* 〔*US-Zeroing* (*EC*) (*Article* 21. 5-*EC*)〕, para. 277. （"in fulfilling its duties under Article 11 of the DSU, a panel may depart from the sequential order suggested by the complaining party, in particular, when this is required by the correct interpretation or application of the legal provisions at issue".）

〔2〕 Appellate Body Report, *Canada-Measures Relating to Exports of Wheat and Treatment of Imported Grain* (*Canada-Wheat Exports and Grain Imports*), WT/DS276/AB/R, adopted 27 Semptember 2004, para. 109.

〔3〕 Appellate Body Report, *United-States-Final Counterveiling Duty Determination with Respect to Certain Softwood Lumber form Canada* (*US-Softwood Lumber IV*), para. 134.

TBT 协议中的非歧视性待遇义务，然后利用司法经济原则没有进一步再对 GATT1994 协议的非歧视义务进行分析。但这种做法存在一定的问题，一是 TBT 协议中的非歧视义务与 GATT1994 协议的非歧视义务是否等同；二是一旦上诉机构认为涉案措施并不属于 TBT 协议下的技术法规，则会造成上诉机构由于缺乏事实而无法进一步分析。

综上所述，在安排各协议的分析顺序方面，专家组享有自由裁量权。专家组可以按照它认为合适的方式安排分析顺序，[1]除非存在强制性的分析顺序（如果不按照某一特定顺序将会产生法律错误或对分析产生实质影响）。具体到 TBT 协议和 GATT1994 协议的分析顺序，鉴于 TBT 协议相对于 GATT1994 协议而言具有特殊性，专家组往往先分析 TBT 协议而后分析 GATT1994 协议。同时，TBT 协议序言第 2 段："期望促进 GATT1994 协议目标的实现"，说明两个协议在适用范围和目标上有相同之处，两者应当在法律原则的解释上保持连贯一致。

2.4 消费者知情权保护的食品标签与国际标准

由于各国产品的标准不统一，阻碍了国际贸易的顺利发展，统一产品的国际标准成为国际贸易发展的必然。国际标准是由国际标准化组织或其他国际标准组织通过并公开发行的标准，具有非强制性的特点。

---

〔1〕　Appellate Body Report, Canada-Wheat Export and Grain Imports, paras. 126-129.

2.4.1 TBT、SPS 协议与国际标准

SPS 协议序言第 5 段[1]、第 6 段[2]的表述强调了 SPS 协议对国际标准的重视。SPS 协议第 3 条第 1 款、第 2 款又进一步规定，各成员制定的卫生措施应该根据现有的国际标准来制定。一旦 WTO 成员以国际标准为基础制定了卫生措施，则该措施被视为满足了 SPS 协议和 GATT1994 协议的义务。这些规定明确表明，按照国际标准、指南和建议制定卫生或植物卫生措施已经成为各成员的义务，一旦符合了国际标准的规定则推定为符合了 SPS 协议和 GATT1994 协议。SPS 协议附件 1A 中将和食品安全相关的食品法典委员会、和动物有关相关的国际兽医局以及和植物有关国际植物保护公约等三个国际组织的标准作为国际标准。

TBT 协议同样重视国际标准的作用，该协议中有多个条款涉及国际标准。TBT 协议序言明确指出国际标准的重要性，并鼓励制定国际标准。TBT 协议第 2.4 条[3]进一步规定 WTO 成员的技术法规应该以国际标准为基础，一旦认定 WTO 成员的技术法规是建立在国际标准的基础上，则推定该措施并没有对国

---

〔1〕 SPS 协议序言第 5 段："认识到国际标准、指南和建议可以在这方面做出重要贡献"。

〔2〕 SPS 协议序言第 6 段："期望进一步推动各成员使用协调的、以有关国际组织制定的国际标准、指南和建议为基础的卫生与植物卫生措施，这些国际组织包括食品法典委员会、国际兽医组织以及在《国际植物保护公约》范围内运作的有关国际和区域组织，但不要求各成员改变其对人类、动植物的生命或健康的适当保护水平。"

〔3〕 TBT 协议第 2.4 条："当需要制定技术法规并且已有相应国际标准或者其相应部分即将制定出来时，缔约方均应以这些国际标准或其相应部分作为制定本国技术法规的基础。除非这些标准或其相应部分由于气候、地理因素或者技术问题等原因不适用。"

际贸易造成不必要的贸易障碍。但与 SPS 协议不同，TBT 协议并没有对外部国际标准进行列举。

由上可以看出，SPS 协议和 TBT 协议明确规定成员国应以国际标准为基础制定相应的卫生或技术措施，一旦采用了国际标准，就被认为与 SPS 协议、TBT 协议相一致。国际标准本身对国家并不具有强制力，它只是提倡成员国最大限度地采取国际标准。但由于 SPS 协议和 TBT 协议的上述规定，使其在 WTO 法中具有一定的法律地位，这就使本来属于国家的自由裁量的权限开始向国际组织转移。[1]

2.4.2 食品法典委员会的食品标签标准

食品法典委员会（Codex Alimentarius Commission，简称 CAC）是由联合国粮食和农业组织（Food and Agriculture Organization of the United Nations，简称 FAO）和世界卫生组织（World Health Organization，简称 WHO）共同创建的国际组织。食品法典委员会是食品标准设立的重要机构，其职责是设立食品标准、指导原则及其他内容。食品标签法典委员会（the Codex Committee on Food Labeling，简称 CCFL）于 1956 年成立。该委员会是法典委员会的主要下属机构，位于加拿大，其职责是负责起草适用于食品的标签条款。CCFL 每隔两年举行会议研究所有的标签条款的制定或修订，其制定食品标签标准的目的是提供消费者保护和促进贸易。国际食品法典（Codex）关于食品标签的法规主要有 6 种：《关于产品说明的食典通用准则》（CAC/GL 1-1979）、《预包装食品标签的食典通用标准》（CODEX

---

[1]　See Arwel Davies, "Technical Regulations and Standards under the WTO Agreement on Technical Barriers to Trade", *Legal Issues of Economic Integration*, Vol. 41, 2014, pp. 37~64.

STAN 1-1985)、《食典营养标签准则》（CAC/GL2-1985）、《营养声明的使用准则》（CAC/GL 23-1997）、《生产、加工、标签和销售有机食品的规定》（GL32-1999）、《专用词"哈拉"使用的通用准则》（CAC/GL 24-1997）。食品法典委员会所制定的食品标签标准对其成员并不具有强制力，但标准的制定往往会得到一些国家的认可和借鉴。因此，CAC 食品标签标准在国际协调方面发挥重要作用。例如，我国的食品标签标准是参照国际法典委员会的系列标准制定的。

在 WTO 成立之前，关贸总协定并没有将食品法典委员会（CAC）的标准、准则或建议纳入其中。所以，当时的食品法典委员会只是一个探讨和交流食品标准的权威机构。1995 年 WTO 成立，SPS 协议确认了与食品安全相关的国际标准为食品法典委员会标准，TBT 协议也明确规定了国际标准的重要性。食品法典委员会自此成为 WTO 认可的国际权威机构，其标准在国际贸易争端中发挥重要作用。WTO 要求国家制定的相关规则要依照国际标准，除非这一国际标准不能实现成员所追求的目标。如果成员制定的规则符合国际标准，则认为符合 SPS 协议或 TBT 协议。因此，食品法典委员会标准的影响越来越大。

鉴于各国对转基因食品实施了两种不同的标签制度：自愿标签制度和强制标签制度，自 1991 年起 CCFL 就开始尝试对这两种制度进行调和。转基因食品强制标签制度和自愿标签制度的主要分歧在于消费者知情权保护能否成为强制标签的独立理由。一些实施转基因强制标签制度的国家希望通过 CCFL 形成有关承认或接受转基因强制标签制度的食品标签标准。2008 年和 2010 年 CCFL 会议中均对这一问题进行讨论，但由于各方的分歧而无法达成一致意见。在 2011 年 5 月 CCFL 第 39 次会议上形成了《现代生物技术衍生食品法典委员会案文有关的食品标签制度汇编》，法典委员会于 2011 年 7 月通过了这一文本。但该文本只是对现有食品法典标准的汇编，并没有涉及转基因食品自愿标签和强制标签问题。因此，截至目前 CCFL 并没有针对消费者知情权能否成为食品强制标签的理由形成标签标准。

本章小结

鉴于食品标签对消费者知情权保护方面的重要作用，一些国家尤其是欧美国家日益重视食品标签立法。越来越严格的食品标签要求对国际贸易造成的影响也日益严重，食品标签措施逐渐成为一种新型的非关税壁垒措施。相对其他的非关税壁垒而言，食品标签措施具有以下特点：食品标签措施是最具有市场导向性的监管措施、具有较少的贸易限制，但其对国际贸易造成的限制具有较强的隐蔽性。由于食品标签措施的上述特点，越来越多的国家倾向于使用标签措施来解决环境、健康等问题。由于食品标签措施会对国际贸易造成影响，因此需要将其放在 WTO 的法律体系下审视。食品标签措施的政府参与程度直接决定了该措施是否受到 WTO 的调整，政府参与程度越大越容易受到 WTO 的调整。强制食品标签制度的政府参与程度最高，属于 TBT 协议规定的技术法规。政府主导型的自愿标签措施则需要根据具体情况来判断是属于技术法规还是技术标准。而私人主导型自愿标签制度是完全的市场行为，政府并不干预。所以，WTO 并不调整这种私人主导型的自愿标签制度。政府参与型的食品标签措施主要受 TBT 协议、SPS 协议和 GATT1994 协议三个协议调整。

任何食品标签措施都是为了向消费者提供信息，但食品标签措施要达到的目的并不相同。当食品标签措施的目标是保护环境，保护消费者安全、健康时，向消费者提供信息只是为了达到一定目标的手段。在WTO法律当中，这种食品标签措施的抗辩理由往往可以直接以环境、健康为理由。环境、健康是WTO协议中明确保护的两大价值目标，这在WTO中并不是新的问题。但当食品标签措施与环境、健康等原因无关的情况下，向消费者提供信息就不仅仅是一种手段，其本身就构成一种目标。例如，向消费者提供中性信息。在WTO法当中并没有明确提及消费者知情权保护问题，涉及的案件也比较少。

食品标签措施既可以属于SPS协议的调整范围也可能属于TBT协议的调整范围。当食品标签措施的目标与食品安全相关时，这种标签措施属于SPS协议的调整范围。SPS协议是以科学为依据的，单纯向消费者提供信息以保障消费者知情权的食品标签措施并不属于SPS协议的调整范围。TBT协议所规定的合法目标远比SPS协议所追求的目标广泛，向消费者提供信息、防止欺诈行为在一定条件下可以构成TBT协议所追求的合法目标。所以，当食品标签措施的目标只是为了向消费者提供信息而与食品安全无关时，这种食品标签措施则属于TBT协议的调整范围。同时，食品标签措施当然也属于作为调整货物贸易的基础条约的GATT1994协议的调整范围。因此，这种以消费者知情权为目标的食品标签措施同时属于GATT1994协议、TBT协议的调整范围。当两协议条款冲突时，TBT协议优先适用；当两协议条款不相矛盾时，应该同时适用。由于TBT协议具有特殊性，GATT1994协议只规定了原则性问题。所以，应该首先分析TBT条款而后分析GATT1994协议。与SPS协议和GATT1994协议的关系不同，食品标签措施满足TBT协议并不等于满足GATT1994协议。

SPS协议明确将食品法典委员会的标准作为与食品安全有关

的国际标准，TBT 协议也明确规定了国际标准的重要性。一旦食品标签措施是以国际标准为依据制定的，那么将被认为该措施符合了 SPS 协议和 TBT 协议的规定。截至目前，食品法典委员会并没有形成有关消费者知情权保护能否成为食品标签立法独立理由的国际标准。

第❸章
WTO 中有关消费者知情权保护的
争端解决

　　消费者知情权保护日益成为各国的普遍实践，从国际贸易的角度看消费者知情权保护，在很大程度上反映的是国内关注。同时，消费者知情权保护措施也对 WTO 构成了很大的挑战。尽管 WTO 并没有提及消费者保护和贸易自由化之间的联系，但 WTO 的一些协议和条款却对消费者保护产生影响，例如，卫生措施、标签措施等。在适用和解释 WTO 规则时，争端解决机构始终面临着如何在贸易自由和国家监管自主权之间保持平衡的问题。消费者知情权保护与贸易自由之间同样需要平衡。在GATT 时期的争端解决中，有 1/3 的争端案件的专家组提及消费者保护问题，自 WTO 产生至今，已经有 157 个专家组和上诉机构报告中提到了消费者保护问题。但由于缺乏明确的法律条款，专家组和上诉机构往往利用司法经济或其他的理由避开对该问题进行深入的分析，只有在少数的案件中进行了深入的分析。[1]这在消费者知情权保护方面的表现尤为突出。如何在消费者知情权保护和贸易自由之间求得平衡，是 WTO 争端解决机构不得不面临的一个难题。迄今为止，对消费者知情权保护进行比较细致分析的、涉及食品标签措施的案件有两个：美国金枪鱼 II 案、美国 COOL 案。以下内容主要介绍这两个案件的专家组和

---

〔1〕 See Sonia E. Rolland, "Are Consumer-Oriented Rules the New Frontier of Trade Liberalization", *Harvard International Journal*, Vol. 55, 2014, pp. 361~367.

上诉机构对食品标签措施和消费者知情权保护的解释和发展。
尽管 WTO 裁决并不具有先例拘束力，但在实践中后续的专家组
和上诉机构不能无视先前上诉机构报告所包含的法律解释和裁
决理由。因此，这两个案件对后续的消费者知情权保护的食品
标签争议将具有重要意义。本章主要针对这两个典型案件对
WTO 规则发展进行分析。

3.1　美国金枪鱼 II 案

3.1.1　案情简介

本案是涉及消费者知情权保护的食品标签措施的一个案件，
由墨西哥诉美国"海豚安全"标签措施违反了 WTO 规则。海豚
是一种珍贵的海洋生物，在东部热带太平洋地区（Eastern
Tropical Pacific，简称 ETP）存在海豚和金枪鱼共生的奇妙现象。
"海豚定位法"是一种捕获金枪鱼的方法，该方法主要利用海豚
和金枪鱼经常相伴而游的特点，渔民利用海豚上浮换气的特性
来定位金枪鱼并使用漂网或围网来捕获金枪鱼。但这种捕获金
枪鱼的方法往往会误伤海豚。为了保护海豚，美国自 20 世纪 90
年代开始对金枪鱼制品采用"海豚安全"的自愿标签制度。美
国"海豚安全"标签不允许在公海上使用漂网作业，在东部热
带太平洋地区不允许使用围网作业。为了不使消费者混淆，美
国要求只能使用美国定义的"海豚安全"标签，禁止使用其他
任何保护海豚或海洋哺乳动物的标签，包括美洲热带金枪鱼委
员会于 1999 年制定实施的《国际海豚保育计划协议》
（Agreement on the International Dolphin Conervation Program，简称
AIDCP）规定的"海豚安全"标签。AIDCP 所规定的"海豚安
全"标签与美国的"海豚安全"标签是有区别的，AIDCP 所要

求的"海豚安全"关注对海豚造成的死亡率和严重伤害，而不是只关注捕获金枪鱼所使用的方法。美国之所以不允许使用围网的原因在于，虽然按照 AIDCP 只有对海豚不造成伤害的情况下，才允许使用"海豚安全"标签，但还有一些观察不到的伤害。例如，使用围网追逐、包围会对海豚造成压力、母子分离等看不见的伤害。

"海豚安全"标签在美国市场上非常重要。由于消费者和环境等非政府组织的压力，美国消费者往往愿意购买带有"海豚安全"标签的金枪鱼产品。本案中墨西哥的金枪鱼产品上所使用的"海豚安全"标签是依据 AIDCP 协议而实施的，在美国境内不能使用。没有这些标签的墨西哥金枪鱼产品无法进入大多数美国市场。2008 年 10 月 24 日，墨西哥就美国"海豚安全"标签措施要求与美国磋商。2011 年 9 月 15 日发布专家组报告，裁定美国"海豚安全"标签措施构成 TBT 协议的技术法规，该措施没有违反 TBT 协议第 2.1 条，但却违反了 TBT 协议第 2.2 条。2012 年 5 月 16 日上诉机构报告发布，推翻了专家组对第 2.1 条，认为美国措施改变了美国市场的竞争条件，在处理不同区域不同捕鱼技术对海豚造成伤害的方式也是不公平的，违反了第 2.1 条。但同时认为争议措施对贸易造成的限制为超过实现其目标所必需的限度，因此，该措施符合第 2.2 条的义务。2013 年 7 月 23 日，美国修改了"海豚安全"标签措施，但被墨西哥认为履行不符合要求并依据 DSU 第 21.5 条提起履行措施相符性申诉。2015 年 4 月 14 日，针对履行措施相符性发布专家组报告，2015 年 11 月 20 日，该案上诉报告发布。[1]该上诉报告

---

〔1〕 Appellate Body Report, *United States - Measures Concerning the Importation, Marketing and Sale of Tuna and Tuna Products - Recourse to Article* 21.5 *of the DSU by Mexico*〔(*US-Tuna* Ⅱ (*Article* 21.5-*Mexico*)〕, WT/DS381/AB/RW.

认为，修改后的"海豚安全"标签措施违反了 TBT 协议第 2.1 条、GATT1994 协议第 1.1 条、第 3.4 条，该措施满足 GATT1994 协议第 20 条（g）款"可用竭自然资源"的要求，但其实施方式构成了武断的、不公正的歧视，不能满足第 20 条序言的要求。

3.1.2 "海豚安全"标签措施是否构成技术法规

根据 TBT 协议附件 1.1 条技术法规的定义可知，构成技术法规需要满足三个条件：一是文件必须适用于一种可识别的产品或一组产品；二是法规文件必须界定产品的一个或多个特征；三是符合该产品特征必须是强制性的。本案争议的焦点是美国"海豚安全"标签是否具有强制性，对其他两个条件争议双方都没有提出质疑。

美国认为，"强制性"应该和市场准入挂钩，即为了市场准入必须强制遵守。而美国"海豚安全"标签并不禁止没有标签的金枪鱼产品在市场上的销售。因此，该标签措施并不具有强制性。一名专家同意美国的这一解释，并在专家组报告中写入单独意见。但多数专家组成员和上诉机构不同意将市场准入作为判断强制性的核心标准。上诉机构认为，TBT 协议附件 1.1 条技术法规的定义中并没有提及"市场"，也没有表明"强制性"是指只有使用特定的标签才能在市场上销售。[1]"海豚安全"标签是由美国立法和联邦机构的法规和行政条款组成，并且该措施规定了单一的、具有法律强制力的"海豚安全"标签定义并且禁止使用其他"海豚安全"标签。因此，美国的"海豚安全"标签措施具有强制性。[2]

通过该案上诉机构对技术法规构成的分析，明确了"强制

---

〔1〕　Appellate Body Report, *US-Tuna* Ⅱ（*Mexico*）, para. 196.

〔2〕　Appellate Body Report, *US-Tuna* Ⅱ（*Mexico*）, para. 199.

性"并不与市场准入挂钩,国内认定的自愿标签措施符合一定
条件也可能具有强制性。因此,判断标签措施是否具有强制性
需要根据案件的具体情况来判断。

3.1.3 "海豚安全"标签措施是否构成贸易歧视

由于本案专家组和上诉机构认定"海豚安全"标签措施构
成技术法规,那么该标签措施需要满足 TBT 协议第 2.1 条的非
歧视性待遇义务。违反 TBT 协议第 2.1 条需要满足三个条件:
(1)涉案措施属于 TBT 协议附件第 1.1 条所规定的技术法规;
(2)进口产品和国内产品属于同类产品;(3)对进口产品的待
遇低于同类的国内产品。专家组认为,虽然美国的"海豚安全"
标签措施对墨西哥的金枪鱼产品产生不利影响,但该标签要求
属于来源中性措施,并不是建立在国籍基础上的歧视,墨西哥
的产品只要符合条件同样可以获得"海豚安全"标签。因此,
美国措施并没有违反 TBT 协议第 2.1 条的义务。[1]上诉机构则
认为,在评估措施是否符合 TBT 协议第 2.1 条的义务时,专家
组首先应该确定争议中的技术法规是否修改了竞争条件而对进
口产品不利,但只有这种不利影响并不能认定违反了 TBT 协
议第 2.1 条,还需要进一步分析这种不利影响是否完全源自正
当的监管区分(stems exclusively from a legitimate regulatory dis-
tinction)。[2]美国"海豚安全"标签措施修改了美国市场的竞
争条件,同时,在处理不同地区不同的捕捞方法对海豚产生风
险方面,美国没有对其进行"校准",这是不公平的。美国也不
能证明其不同的要求是非歧视的,也没有显示对墨西哥金枪鱼
产品的不利影响是出于完全原则正当的监管区分。因此,"海豚

---

〔1〕 Panel Report, *US-Tuna* Ⅱ(*Mexico*), paras. 7.374~78.

〔2〕 Appellate Body Report, *US-Tuna* Ⅱ(*Mexico*), para. 215.

安全"标签措施不符合 TBT 协议第 2.1 条的规定。[1]

在本案中，通过上诉机构的解释进一步澄清了 TBT 协议第 2.1 条含义。第一，按照产品特征或生产方法、生产过程而对产品的区分本身并不构成 TBT 协议第 2.1 条"待遇低于"的要求。第二，TBT 协议第 2.2 条"不超过必要的贸易限制"和 TBT 协议第 6 段都表明任何国家都可以采取适当措施以追求合法目标，但要求其实施方式不能构成武断或不合理的歧视。这些规定进一步说明 TBT 协议第 2.1 条允许存在一定的贸易限制。第三，GATT1994 协议第 3.4 条"待遇不低于"的要求禁止修改市场条件而对进口产品产生不利影响，但仅有这种不利影响本身并不能得出 TBT 协议第 2.1 条"待遇不低于"的结论。专家组需要进一步分析这种不利影响是否完全源自合法的监管区分而不是对进口产品的歧视。在本案中，"海豚安全"标签措施虽然是一种来源中性的措施，但该措施不同区域规定的标签要求存在不合理性，同样会被认为违反了 TBT 协议第 2.1 条。

3.1.4 "海豚安全"标签措施所产生的贸易限制是否超过必要程度

TBT 协议第 2.2 条要求技术法规必须不超过必要的贸易限制程度，该条具体由四个要素构成，"合法目标、实现目标、不得超过必要的贸易限制、目标不能实现的风险"。美国认为"海豚安全"标签措施有两个正当目的：（1）金枪鱼产品是否来源于以伤害海豚的方式捕获的金枪鱼，确保消费者不被该信息误导或欺骗；（2）确保美国市场不被用来鼓励使用损害海豚的方式捕获金枪鱼，从而对保护海豚做出贡献。专家组认为这两个

---

〔1〕　Appellate Body Report, *US-Tuna* Ⅱ *(Mexico)*, para. 298.

目标都属于 TBT 协议第 2.2 条"合法目标"的范围，其中，将向消费者提供信息视为更广泛的防止欺诈行为目标，而防止欺诈行为是 TBT 协议第 2.2 条明确列举的范围。[1]上诉机构对"实现目标"的解释是只要争议措施对"实现目标"有贡献即可，并不要求完全实现贡献目标也不要求必须达到某种贡献程度。

总之，通过本案对 TBT 协议第 2.2 条的解释，明确了以下几点：（1）"合法目标"的列举不是穷尽的，不属于列举范围的目标也可能成为合法目标；本案表明通过食品标签措施保护消费者知情权，确保其不被误导或欺骗，可能属于合法目标范畴。（2）"实现目标"仅要求"有所贡献"即可，只要有所贡献，甚至在做出一定程度贡献的同时损害目标的实现也可以认为"实现目标"。这表明争端解决机构对争议措施是否"实现目标"的要求是比较低的，消费者知情权保护的食品标签措施比较容易满足 TBT 协议第 2.2 条的规定。

3.2 美国 COOL 案

3.2.1 案情简介

COOL（Country of Origin Labelling）是美国针对牛肉、猪肉、羊肉以及鱼肉等产品所实施的原产地标签。美国的原产地标签制度的历史比较久远，1930 年的关税法要求几乎所有的进口产品必须标注原产国，但很多农产品得以豁免。[2]《2002 年农业安全与乡村投资法》（The Farm Security and Rural Investment

---

〔1〕 Panel Report, *US-Tuna* Ⅱ（*Mexico*），para. 7. 444.

〔2〕 Tariff Act of 1930, 19 U. S. C. § § 1202~1681b.

Act of 2002）改变了 1930 年关税法的标签制度，要求最终消费者能够知道该进口产品的原产地。但该法实施的是自愿标签制度，很少有生产者自愿标注原产地。另外，消费者对自愿标签表示不信任，而更愿意相信强制标签制度。美国农业部（United States Department of Agriculture，简称 USDA）分别于 2008 年 7 月 29 日和 2009 年 1 月 15 日正式发布强制性的《原产地标签条例》（试用）和《原产地标签条例》（最终）（以下简称 COOL 法）。COOL 法规定肉类、易腐农产品等必须强制性加贴原产地标签。美国肉类原产地标签标注的是一种过程信息标签，这种信息并没有告诉消费者食品本身的信息，而是表明肉类的来源。但这种原产地和海关要求的原产地信息（实质改变）并不相同，要求标明肉类来源牲畜的出生、饲养、宰杀三个环节。

　　美国声称其肉类原产地标签立法主要是为了保障消费者知情权，但加拿大和墨西哥等肉类产品出口国强烈反对，认为美国原产地标签制度构成贸易壁垒。2008 年 12 月 17 日，墨西哥（加拿大后来加入）针对美国的强制性肉类原产地标签的规定向 WTO 提出申诉。2011 年 11 月 18 日发布的专家组报告裁定，美国的 COOL 措施构成技术法规，违反了 TBT 协议第 2.1 条、第 2.2 条。2012 年 6 月 29 日上诉机构报告发布，上诉机构支持了专家组关于美国 COOL 措施违反了 TBT 协议第 2.1 条的裁定，但推翻了专家组关于争议措施违反了 TBT 协议第 2.2 条的裁定。上诉机构认为向消费者提供原产地信息构成 TBT 协议第 2.2 条"合法目标"，同时，没有支持专家组对争议措施符合 TBT 协议第 2.2 条需要完全实现合法目标或者超过最低的实现程度的裁决。2013 年 3 月 8 日，美国农业部在《联合公报》发布了使 COOL 措施符合上诉机构报告的规则建议，2013 年 4 月 11 日评议期结束，2013年5月23日该规则正式生效。[1] USDA的最后规则提高了消费者在原产地方面的信息数量，要求标签标示出产品生产的每一个阶段（出生、饲养、屠宰等）；禁止将来源地不同的肉进行混合。出生、饲养、屠宰都在美国的动物，不能再仅仅标注："Product of US"，现在应该标注为"Born, Raised, and Slaughtered in the US"。[2]根据修改后的标签制度，消费者可以获得肉类产品来源动物的出生、饲养、屠宰地的准确信息，但餐馆、加工过的肉类制度是COOL措施的例外的规定并没有改。2013年8月19日，加拿大根据DSU第21.5条要求成立针对修改后的COOL措施的相符性审查专家组。2014年10月20日发布该案的专家组报告，2015年5月18日上诉报告发布。上诉机构认为修改后的COOL措施主要违反了TBT协议第2.1条、GATT1994第3.4条的义务。[3]2015年12月7日，WTO争端解决机构发布了墨西哥、加拿大对美国COOL措施的报复水平的报告，授权实施报复措施。2015年12月21日，美国国会撤销了原产国标签法（COOL），农业部不再强制要求对牛肉和猪肉产品进行原产地标识，以此化解墨西哥和加拿大对其实施报复的风险。

---

〔1〕 Mandatory Country of Origin Labeling of Beef, Pork, Lamb, Chicken, Goat Meat, Wild and Farm-Raised Fish and Shellfish, Perishable Agricultural Commodities, Peanuts, Pecans, Ginseng, and Macademia Nuts, 78 Fed. Reg. 15, 645 (Mar. 12, 2013) (to be codified at 7 C. F. R. pts. 60 & 65), at 31, 367.

〔2〕 USDA, AMS, "Mandatory Country of Origin Labeling of Beef, Pork, Lamb, Chicken, Goat Meat, Wild and Farm-Raised Fish and Shellfish, Perishable Agricultural Commodities, Peanuts, Pecans, Ginseng, and Macademia Nuts" number 101, Vol. 78, 2013, available at http://www. gpo. gov/fdsys/pkg/FR - 2013 - 05 - 24/html/2013 - 12366. htm, 最后访问时间：2013年12月20日。

〔3〕 Appellate Body Reports, *United States-Certain Country of Origin Labelling (COOL) Requirements-Recourse to Article 21. 5 of the DSU by Canada and Mexico* [*US-COOL (Article 21. 5-Canada and Mexico)*], WT/DS384/AB/RW, WT/DS386/RW.

在本案中，美国直接将消费者知情权保护作为其肉类原产地标签措施的目标，并明确表明该措施与食品安全无关。专家组和上诉机构对向消费者提供原产地信息是否构成 TBT 协议第 2.2 条"合法目标"以及争议措施是否超过必要的限制程度方面的分析做出较大贡献。

3.2.2 美国 COOL 措施的目标

美国认为，消费者有权知道其食品的来源，COOL 措施的目标是向消费者提供食品来源的信息，属于 TBT 协议第 2.2 条的合法目标。[1]墨西哥认为 COOL 措施的目的是贸易保护，其理由是美国的 COOL 措施对肉类进口商施加过于繁杂的义务，以至于美国市场上进口的牛和猪在价值和数量上都减少了，造成贸易扭曲。[2]加拿大也认为 COOL 措施从文本、设计、框架及结构方面表明其目的是贸易保护，而不是向消费者提供信息。[3]

专家组分析 COOL 措施本身所追求的目标，得出美国 COOL 措施的目的是向消费者提供准确的、清楚的原产地信息。[4]专家组在两个层次上分析争议措施所追求的目标，一是抽象意义的目标，二是争议措施本身所追求的特殊目标。而上诉机构认为，这样的分析方法没有必要。专家组应该考虑成员对其措施所追求目标的描述，但专家组并不受其描述的限制。为了客观评估争议措施所追求的目标，对被诉方所宣称的目标以及该争议措施的文本、框架、结构、立法历史及其运作进行了全面的

---

〔1〕　Panel Report, *US-COOL*, para. 7.577.

〔2〕　Panel Report, *US-COOL*, paras. 7.265~7.266.

〔3〕　Panel Report, *US-COOL*, paras. 7.576, 7.596, 7.607.

〔4〕　Panel Report, *US-COOL*, paras. 7.615~7.620.

评估。[1]尽管专家组进行抽象意义的分析是没有必要的，但其根据措施本身分析得出美国COOL措施追求的目标是向消费者提供原产地信息。上诉机构支持了这一结论。

3.2.3 消费者知情权保护是否构成"合法目标"

在确定美国COOL措施的目标是向消费者提供信息之后，则需要进一步分析该目标是否属于TBT协议第2.2条的合法目标。

加拿大认为，美国没有解释通过COOL措施提供信息的重要性或者为什么消费者需要这些信息。如果是为了食品安全或环境保护的考虑而向消费者提供信息以帮助消费者选择，这些目标与TBT协议第2.2条所明确列举的目标紧密联系，则属于合法目标。墨西哥认为，向消费者提供信息可能成为合法目标，但不是所有情况下都能成为合法目标。这需要评估向消费者提供信息的特征和固有价值。美国则认为，TBT协议第2.2条所列的合法目标是非穷尽列举，而且明确列举的目标——防止欺诈行为支持向消费者提供信息和防止消费者混淆的目标。美国进一步表明，消费者强烈支持原产地标签制度。同时，很多WTO成员向TBT委员会通知的原产地标签要求的目标就是向消费者提供信息，这表明向消费者提供原产地信息和防止消费者混淆属于TBT协议第2.2条规定的合法目标。[2]

专家组认为，TBT协议第2.2条第三个句子对合法目标的列举使用了"尤其"（inter alia）一词，这表明TBT协议第2.2条所指的合法目标可以延伸到列举的范围之外，即这里的列举是非穷尽性列举。既然TBT协议第2.2条所指的合法目标并不

---

[1] Appellate Body Report, *US-COOL*, paras. 395~396.

[2] Panel Report, *US-COOL*, paras. 7. 623~27.

局限于该条所明确列举的范围，食品标签措施的目标不与健康、安全、环境等目标相联系的事实本身，并不能提供充足的基础表明这些目标是不合法的。[1]由于相当大比例的 WTO 成员要求来源地信息，[2]并且消费者对购买产品的来源地信息有普遍的兴趣。[3]同时，WTO 成员在追求政策目标方面享有一定的政策空间，即使没有特定的需求，也可以采用措施。只要这些措施不是为了通过监管干预来塑造消费者预期。[4]确定目前是否合法不能在真空中进行，必须考虑我们所生活的环境。在考虑政府所追求的特定目标是否属于合法目标时，必须给予社会规范应有的重视。[5]因此，向消费者提供来源地信息属于 TBT 协议第 2.2 条规定的合法目标。

　　上诉机构认为，TBT 协议第 2.2 条对合法目标的列举不是穷尽性的。如果目标属于明确列举的范围则被认为是合法目标，不属于明确列举的目标是否属于合法目标则需要判断。TBT 序言以及 WTO 其他协议所承认的目标对分析目标是否属于 TBT 协议第 2.2 条合法目标的分析有帮助。[6]在美国 COOL 案中，尽管向消费者提供信息不属于 TBT 协议第 2.2 条所明确列举的"合法目标"，但上诉机构认为 COOL 措施与 TBT 协议第 2.2 条所列举的"防止欺诈"和 GATT1994 协议第 20 条（d）款规定的防止欺诈有关系。这与消费者保护目标相关，提供准确、可靠的信息可以保护消费者不被误导、误解。[7]上诉机构虽然对

---

〔1〕　Panel Report, *US-COOL*, para. 7. 637.

〔2〕　Panel Report, *US-COOL*, paras. 7. 637~7. 638.

〔3〕　Panel Report, *US-COOL*, para. 7. 650.

〔4〕　Panel Report, *US-COOL*, para. 7. 649.

〔5〕　Panel Report, *US-COOL* para. 7. 650.

〔6〕　Appellate Body Report, *US-COOL*, para. 370.

〔7〕　Appellate Body Report, *US-COOL*, para. 451.

专家组的分析提出了一些意见，但最后还是同意了专家组的结论：美国 COOL 措施向消费者提供原产地信息的目标属于 TBT 协议第 2.2 条的合法目标。

总之，美国 COOL 案第一次明确了向消费者提供原产地信息构成 TBT 协议第 2.2 条的正当目标，并明确了即使向消费者提供的信息不与食品安全、消费者健康、环境保护相关的情况也可能构成合法目标，这为未来的消费者知情权保护措施在 WTO 法中获得正当性提供了可能。但该案并没有进一步分析向消费者提供的信息构成合法目标的具体判断标准。

3.2.4 美国 COOL 措施能否实现"合法目标"

专家组认为，实现 COOL 措施的目标是向消费者提供清楚、准确的信息，[1]而 COOL 措施中的 B 标签和 C 标签会使消费者混淆或产生误导。[2]因此，COOL 措施无法实现向消费者提供原产地信息的目标。[3]专家组的结论直截了当、一锤定音，实现还是没有实现。专家组认为 COOL 措施的实现程度，要么所有的标签措施提供 100% 准确和清楚的信息，要么达到或超过最低门槛。但上诉机构以及美国金枪鱼 II 案中争议措施是否实现合法目标的认定，需要考虑技术法规对达到这个目标的贡献程度。本案上诉机构进一步认为，争议措施不需要达到实现合法

---

〔1〕 Panel Report, *US-COOL*, para. 7. 695.

〔2〕 Panel Report, *US-COOL*, paras. 7. 695 ~ 7. 707. （美国 COOL 措施将肉类原产地标签分为 A、B、C、D 四种，A 类为美国原产，即出生、饲养、屠宰均在美国；B 类是混合生产，指出生、饲养、屠宰中任一环节不在美国；C 类也是混合生产，指牲畜进口至美国以后立刻宰杀，美国在标签上排列在末端，D 类是外国原产，即出生、饲养、屠宰都不在美国。本案发生的争议主要针对 B 类标签和 C 类标签以及混装制度。）

〔3〕 Panel Report, *US-COOL*, para. 7. 719.

目标的最低程度。专家组错误地认为 COOL 措施必须完全或达到一定程度的实现目标才符合 TBT 协议第 2.2 条的规定。[1] 上诉机构认为 COOL 措施确实是向消费者传递肉类产品的原产地信息。因此，推翻了专家组关于 COOL 措施不符合 TBT 协议第 2.2 条的裁定。由于专家组没有进一步分析美国 COOL 措施是否超过了实现合法目标的必要程度，上诉机构也无法对此做出裁决。最终上诉机构推翻了专家组报告中因 COOL 措施未能实现向消费者提供原产地信息的正当目标而违反 TBT 协议第 2.2 条的规定的裁定。

美国 COOL 案对 TBT 协议第 2.2 条的解释，明确了以下几个问题：（1）向消费者提供信息可以构成 TBT 协议第 2.2 条的合法目标，即使向消费者提供的信息与健康、环境无关。但本案并没有进一步分析向消费者提供的信息构成合法目标需要具备的条件。（2）争议措施对特定目标的实现程度可以从技术法规的设计、结构和操作以及措施应用的证据中找到。但为了满足 TBT 协议第 2.2 条的要求并不要求必须达到最低实现程度的门槛。争议措施对目标实现的贡献需要和以下因素共同考虑：一是措施的贸易限制；二是目标没有实现所带来的风险。在大多案件中，往往将争议措施与替代措施进行比较。[2]

3.3 美国金枪鱼 II 案与美国 COOL 案比较

在美国金枪鱼 II 案和美国 COOL 案中，上诉机构裁定争议的食品标签措施都是为了追求合法目标且没有超过必要的限度，因此没有违反 TBT 协议第 2.2 条的义务。同时，两项食品标签

---

〔1〕　Appellate Body Report, *US-COOL*, para. 373.

〔2〕　Appellate Body Report, *US-Tuna* II（*Mexico*）, para. 322.

措施都构成了歧视，违反了 TBT 协议第 2.1 条的义务。但这两个案件在措施所追求的目标、措施所具有的强制性等方面的分析存在差异。

3.3.1 "防止欺诈"与"消费者知情权"

虽然两个案件中的食品标签措施都是向消费者提供信息，保障消费者知情权，但在是否构成合法目标的具体分析的做法并不相同。在美国金枪鱼Ⅱ案中，将向消费者提供信息与更广泛的防止欺诈目标相联。由于防止欺诈本身就是 TBT 协议第 2.2 条所明确列举的目标，所以，比较容易认定"海豚安全"标签措施所追求的目标属于合法目标。而美国 COOL 措施直接将向消费者提供原产地信息作为其追求的目标，由于向消费者提供信息并没有在 TBT 协议第 2.2 条的列举范围，需要进一步判断该目标是否属于合法目标。向消费者提供信息与 TBT 协议第 2.2 条所明确列举的防止欺诈行为有联系，但两者并不是同一事情。美国从来没有宣称其 COOL 措施是对欺诈行为的直接回应。这必然引起一系列问题，向消费者提供信息和防止欺诈之间存在什么关系？为什么美国不直接主张其 COOL 措施的目标是防止欺诈行为呢？本书认为其重要原因在于美国"海豚安全"标签属于自愿标签而 COOL 标签属于强制标签。政府在自愿标签监管方面的作用主要是为了防止欺诈行为，而对强制标签的监管在于确保披露特定的食品信息，而不仅仅在于防止欺诈行为。但在考虑为什么向消费者提供原产地信息构成合法目标时，上诉机构仍然将 COOL 措施向消费者提供信息的目标与 TBT 协议第 2.2 条所列举的"防止欺诈"和 GATT1994 协议第 20 条（d）款规定的"防止欺诈"有关系。那么，是不是向消费者提供任何信息的目标都与"防止欺诈"有关，并进而成为 TBT 协议第

2.2 条的合法目标呢？如果答案是肯定的，那么是不是意味着以后涉及消费者知情权的案件都可以直接将"防止欺诈"作为其目标呢？即将消费者知情权保护与防止欺诈等同？这一问题需要在今后的案件中予以明确。

3.3.2 自愿标签和强制标签与技术法规

美国金枪鱼Ⅱ案中的"海豚安全"标签属于一种生态标签。生态标签的目标是向消费者提供关于环境特征的信息，通过提供这些信息，消费者做出是否购买产品的知情选择。生态标签并不完全禁止或限制不符合标签特征的产品的销售，但可以改变消费者的购买环境不友好产品的行为。[1]美国 COOL 措施是另外一种形式的标签，要求美国市场上的零售商（主要是牛肉和猪肉）必须在其产品上标明原产地。"海豚安全"标签并不与市场准入直接联系，而肉类原产地标签却直接与市场准入相关。标签措施是否与市场准入相联系，往往是国内法区分自愿标签制度与强制标签制度的标准。各国对自愿标签的监管主要是保证标签内容的真实性，防止消费者被欺骗或误导；而强制标签的主要目的是要求生产者必须在产品上标注特定的信息，其主要目的是向消费者提供信息。即政府监管自愿标签主要是为了防范生产者标注的信息不准确或具有误导性；而政府监管强制标签主要是为了防范生产者漏标特定的信息。与此相对应，"海豚安全"标签措施主张的目的是防止欺诈行为，而肉类原产地标签措施主张的目的是向消费者提供信息，防止欺诈行为只是其附随目的。

---

〔1〕　See Krista Boryskavich ，"The Role of Consumer Preference in the Regulation of Genetically Modified Organisms"， *Asper Review of International Business and Trade Law*，Vol. 5，2005，p. 68.

自愿标签是指生产者根据自身的情况决定是否加贴标签，这一决定并不影响其产品的销售；而强制标签是指生产者必须按照标签要求加贴标签，否则其产品将无法进入市场。但专家组和上诉机构在认定食品标签措施是否具有强制性时，并不与市场准入相联系。即使在国内被认为是自愿标签，也有可能被专家组和上诉机构认定具有强制性。因此，自愿标签也可能被认为属于 TBT 协议中的技术法规。

本章小结

美国金枪鱼 II 案和美国 COOL 案都涉及向消费者提供信息的食品标签措施能否在 WTO 中获得正当性的问题。WTO 争端解决机构面临着如何在允许成员采取措施保护消费者知情权和限制该措施对出口国的负面影响之间求得平衡的问题。这两个案件使 WTO 争端解决机构有机会仔细分析通过食品标签措施向消费者提供信息的一系列法律问题，但远没有形成协调一致的有关消费者知情权保护的规则解释。这两个案件主要在以下几个方面发展了与食品标签、消费者知情权保护有关的 WTO 规则：一是 TBT 技术法规所要求的强制性并不与市场准入挂钩；二是在 TBT 协议第 2.1 条的解释中增加了"完全源自正当的监管区分"的判断标准；三是消费者知情权保护可能构成 TBT 协议第 2.2 条的合法目标。

在美国金枪鱼 II 案中，美国主张其"海豚安全"标签措施的一个重要目标是防止欺诈行为。而在美国 COOL 案中，美国主张其原产地标签措施的目的是向消费者提供原产地信息。由于防止欺诈行为本身就属于 TBT 协议第 2.2 条明确列举的合法目标，而向消费者提供信息并不属于该条明确列举的范围。美国 COOL 案的上诉机构认为，由于向消费者提供原产地信息和防止欺诈行为有联系，因此，向消费者提供原产地信息构成 TBT 协议第 2.2 条的合法目标。但上诉机构并没有进一步分析向消费者提供的信息满足何种条件才能构成合法目标。消费者知情权是一个高度抽象的概念，就一个具体案件而言，一般涉及向消费者提供特定的信息。那么是不是向消费者提供任何信息都可以与防止欺诈行为相联系，从而被认定为 TBT 协议第 2.2 条的合法目标呢？这一问题，需要在今后的案件中进一步明确，以增加案件的可预期性。

第❹章
WTO 中消费者知情权保护面临的障碍

　　消费者保护本来属于国内法范畴，各国可以根据各自的国情制定相应的消费者保护法。但伴随着经济全球化的不断发展，以前属于国内法的事项开始逐渐进入国际法的调整范围，这也是国家不断向国际组织转移权限的结果。消费者保护问题也不例外，各国采取的消费者保护措施的权力越来越多地受到国际法的影响，尤其是受到 WTO 法的影响。和其前身 GATT 相比，WTO 拥有更大的监管权力并配有相应的能力。[1]随着食品国际贸易的不断发展、食品供应链的日益国际化，对食品的风险防控已经超出了一国所能控制的范围。如何更好地实现食品领域的消费者保护已经成为各国政府不得不面临的问题。国家所保护的食品领域的消费者权利是广泛的，包括健康权、选择权、知情权等多项权利。但以生产者利益为中心的 WTO 法，没有对消费者利益给予足够的考虑。消费者保护的国内措施要想在WTO 获得正当性需要面临一系列的法律难题，尤其是消费者知情权保护措施更是如此。

---

　　〔1〕　See Steve Charnovitz, "WTO Cosmopolitics", *Journal of International Law and Politics*, Vol. 34, 2002, pp. 299~354.

4.1 WTO 中消费者知情权保护存在的体制性障碍

WTO 作为调整国际贸易最权威的国际组织，主要通过确保货物或服务以最小的贸易歧视和行政壁垒跨越国界，从而促进贸易自由化的实现。这种贸易自由化所带来的利益首先表现为生产者的利益，消费者同时也获得了一定利益。例如，消费者以更便宜的价格获得产品和更多的产品选择。生产者的利益相对比较简单，主要表现为获得经济利益，而消费者的利益却不仅仅限于经济利益，还包括健康、安全、知情等多种非经济利益。WTO 并没有直接关于消费者保护的条款，但消费者的健康、安全的权利可以通过 WTO 协议中有关保护人类、动植物生命或健康等条款获得一定程度的保障。消费者知情权的保护却面临着更大的困难，其原因在于 WTO 法律体系中缺乏消费者知情权保护的相应条款，而专家组和上诉机构又往往会做出有利于生产者的法律解释，这进一步加剧了消费者知情权保护措施获得正当性的难度。这些困难属于 WTO 本身制度性的问题。

4.1.1 WTO 法律体系是以生产者利益为中心的法律体系

WTO 法律体系是建立在自由贸易理论的基础之上，自由贸易理论认为开放的贸易会使生产者和消费者都受益。亚当·斯密在《国富论》中明确反对重商主义，主张自由贸易，"在重商主义体系中，消费者的利益几乎总是为了生产者的利益而被牺牲，这一体系似乎将生产而不是消费看成所有工商业的最终目的。""不难确定是谁规划了整个重商主义体系。我们相信，不会是消费者，因为他们的利益完全被忽略了；那一定是生产者，因为他们的利益受到了细致的照顾。"〔1〕这些论述表明，重商主义为了本国生产者的利益完全忽视了消费者利益，而自由贸易则可以使生产者和消费者都获得利益。这一结论主要基于这样一个假定：在自由贸易当中，降低关税、减少贸易壁垒，自然可以促进产品以更低的价格进入消费市场，因此，消费者自然能够以较低价格获得更多种类的商品和服务。所以，消费者自然也能够从自由贸易中获得利益。但在消费者利益日益多样化的今天，物质利益只是消费者利益之一。其他的利益包括：防止商业欺诈、获得真实信息的能力、获得损害赔偿的能力、保护隐私的能力等，都没有在 WTO 法律体系中得到反映。

具体而言，WTO 主要是通过确保货物和服务以最小贸易歧视和行政壁垒跨越国界，以保证贸易自由化的实现。主要表现为限制成员政府的权力，保障同类产品之间的平等竞争。WTO的基本原则、规则都直接反映为生产者利益。例如，最惠国待遇原则强调 WTO 成员对来自不同国家的同类产品实施相同的待遇，国民待遇原则强调要给予外国同类产品不得低于给予本国产品的待遇。当然，消费者同时也可以以更低的价格获得产品和获得更多的产品选择。但 WTO 各成员国内法所保障的消费者利益却不仅仅包括这些利益，消费者知情权保护、获得赔偿的能力以及隐私权的保护等却没有在 WTO 中得到很好的保障。由于 WTO 法律体系并没有明确规定消费者利益，各成员采用的保护消费者利益的措施要想获得正当性，不能直接以保护消费者利益的名义而只能利用 WTO 协议中已有的条款来抗辩。因此，消费者保护的措施要想获得正当性，必须和 WTO 已经承认的保护目标相一致。例如，GATT1994 协议允许 WTO 各成员采取措

---

〔1〕［英］亚当·斯密：《国富论》，孙善春、李春长译，中国华侨出版社 2010年版，第 281~282 页。

施来实现公共健康、环境保护等目标，各成员可以利用这些条款为其国内保护消费者利益的措施进行辩护。但如果保护消费者的措施不能在 WTO 协议中找到对应的条款，则往往会被认为是一种贸易保护措施。消费者保护的国内法措施与以生产者利益为中心贸易自由化的 WTO 规则之间是有差异的。[1]另外，标签规则是 WTO 法律体系中最具消费者导向的规则，SPS 协议、TBT协议、原产地规则以及《与贸易有关的知识产权协议》（TRIPS协议）中都涉及标签的规则。但这些规则的目的是防止生产者之间的不公平竞争而不是主要为了保护消费者。同时，与消费者保护相关的 WTO 案例也在一定程度上表明这些规则也是生产者利益导向的。所以，WTO 以生产者利益为中心的自由贸易规则不能很好地处理消费者利益，各成员为保护消费者利益而采取措施的能力受到限制。

综上所述，国际贸易中的生产者利益主要表现为物质利益，WTO 主张自由贸易本身就可以使生产者利益得到实现。而消费者除了物质利益以外，还包括损害赔偿、知情权等非物质利益，而这些非物质利益在 WTO 中并没有得到很好地反映。即当消费者利益和生产者利益一致的情况下，消费者的利益也得到一定程度的实现，但在两者利益相冲突的情况下，生产者利益得到优先考虑。因此，WTO 法律体系是以生产者利益为中心的法律体系，没有很好地处理贸易自由化过程中的生产者利益和消费者利益之间的均衡问题。

4.1.2 WTO 法律体系中没有明确保护消费者知情权的条款

虽然 WTO 法律体系中没有明确关于消费者保护的条款，但

---

〔1〕　See Sonia E. Rolland, "Are Consumer-Oriented Rules the New Frontier of Trade Liberalization?" *Harvard International Law Journal*, Vol. 55, 2014, p. 398.

WTO 中有一些条款与消费者保护相关。因此，WTO 为消费者保护措施留有一定的空间。例如，GATT1994 协议第 20 条（b）款"保护人类健康"、SPS 协议及 TBT 协议中的保护人类健康等条款。这些条款虽然不是专门针对消费者的保护条款，却可以直接被用来保护消费者利益。但国内法所保护的消费者利益是多方面的，并不是所有的消费者保护措施都能在 WTO 协议中找到相应的条款。就食品标签措施而言，实施标签措施可能与保护健康、环境以及知情权等目的有关。但如果成员采取的食品标签措施与健康、环境无关，而只是为了向消费者提供信息以达到保护消费者知情权的目标。WTO 中并没有法律条款直接授权、也没有明确禁止成员国向消费者传递特定信息。虽然有些条款涉及向消费者传递信息，例如，TBT 协议序言及第 2.2 条提及的防止欺诈、GATT1994 协议第 20 条（d）款的执行例外中提及防止欺诈、GATT 1994 协议第 9 条原产地条款防止误导消费者以及 TRIPS 协议禁止使用容易引起公众误解的地理标志等。但防范欺诈或误导消费者行为能否与消费者知情权保护等同，还需要进一步研究。同时，WTO 这些涉及向消费者传递信息的条款并不是单独或主要为了保护消费者，而主要是为了防止损害与之竞争的生产者利益。总之，WTO 为消费者知情权的保护留有一定的空间，但这个空间是非常有限的。以保护消费者知情权为目的的食品标签措施要想在 WTO 获得正当性将面临较大的困难。

4.1.3 WTO 争端解决机构的从严解释不利于消费者知情权的保护

由于在 WTO 法律体系中并没有明确提及消费者知情权保护的条款，专家组和上诉机构在确保消费者获得信息与变相的贸易保护主义之间作出判断是非常困难的。专家组和上诉机构行使解释权时所持的政策倾向就显得尤其重要，不同的政策倾向在很大程度上决定着专家组和上诉机构会选择何种解释原则，而不同解释原则的应用则会在很大程度上影响案件的裁决。[1] 由于 WTO 是一个以生产者利益为中心的法律体系，WTO 具体条款主要是保障生产者利益的。而 WTO 的专家组和上诉机构所遵循的是司法克制策略，往往使用严格文本解释的方法来对 WTO 现有的条款进行解释，而这种解释方法必然是生产者利益导向的。因此，WTO 争端解决机构在面临着如何在允许成员采取措施向消费者提供信息和限制该措施对出口国的负面影响之间求得平衡的问题时，专家组和上诉机构往往采取从严解释的方法，在消费者利益和生产者利益冲突时往往倾向于对生产者的保护。这种做法无疑使 WTO 中本来可能用来保护消费者知情权的间接条款的使用变得更加严厉，进一步缩小了消费者保护的空间。因此，消费者保护措施尤其是针对消费者知情权的保护措施，很难在 WTO 获得正当性。另外，WTO 争端解决机构虽然已经开始处理与消费者知情权保护相关的争议，但这类案件的数量仍然太少、涉及的范围还很有限，以至于无法与对消费者知情权保护相关的规则给予全面的表述。迄今为止，专家组和上诉机构处理过的与消费者知情权有关的案件只有两个：美国金枪鱼 II 案和美国 COOL 案。这两个案件都涉及向消费者提供信息的食品标签措施能否在 WTO 中获得正当性的问题。通过两案的专家组和上诉机构对 TBT 协议的核心条款，例如，第 2.1 条、第 2.2 条进行了解释，但远没有形成协调一致的有关消费者知情权保护的 WTO 案例法。总之，消费者知情权保护的 WTO 案例尚处于萌芽状态。

---

〔1〕 陈欣：《WTO 争端解决中的法律解释：司法克制主义 V.S. 司法能动主义》，北京大学出版社 2010 年版，第 1 页。

综上，虽然目前的 WTO 法律体系允许对消费者进行保护，但和生产者利益保护相比尚属次要地位。WTO 各个协议缺少直接对消费者保护的条款，更没有明确各成员政府应该如何平衡消费者获得信息利益和生产者利益之间的关系。专家组和上诉机构在平衡消费者利益和生产者利益的关系时，也往往采取生产者利益导向的法律解释方法。因此，保护消费者知情权的 WTO 案例法尚处于萌芽状态，还有很多问题尚待解决。

4.1.4 WTO 对消费者知情权保护存在体制性困难的原因分析

1. 历史原因

消费者问题的实质是消费者利益在商品交换中受到损害的问题，是社会经济发展到一定阶段才产生的特有现象。消费者权利源自民法中的买方权利，消费者最初的身份就是买卖合同的买方。当时的法律并没有给予消费者特殊的保护，而是将作为买方的消费者与卖方同等对待，实行的"买方当心，出门不换"的政策。但随着买卖双方之间的距离越来越大，这种距离不仅指地理上的距离，也包括掌握信息的差距。作为买方的消费者和卖方之间的信息不对称现象越来越明显，消费者明确处于弱势地位。西方发达国家的消费者保护运动开始出现，并迅速在世界蔓延。作为对这种呼声的回应，各国纷纷采取措施对消费者进行保护。

作为法律概念的消费者权利，最早可以追溯到 1962 年美国前总统肯尼迪《关于保护消费者利益的总统特别国情咨文》。各国进行消费者保护的立法实践也是在此之后的事情。而以生产者利益为中心的 WTO 的前身是 GATT1947 协议，该协议缔约于 1947 年。国际法是国内法的发展和延伸，国内法的实践造成了国际层面的影响，为了协调各国之间不同实践之间存在冲突的情况，才有可能形成相应的国际法。所以，国际法不会凭空产生，必然是国内法实践不断发展的结果。由于在 GATT1947 缔结之初，消费者保护的国内实践尚未形成，因此，在 GATT1947 在缔结条约时不可能考虑这一问题。

随着经济的发展、科学技术的进步，消费者与生产者在获得信息的能力方面的差距越来越大，消费者明显处于弱势地位。各国纷纷采取措施以确保消费者知情权的实现，消费者知情权保护成为各国的普遍实践。在国际贸易领域，消费者的这种弱势地位更加明确。而 GATT 及后来的 WTO 并没有随之调整其对消费者知情权保护的态度，进而使 WTO 法与各国消费者知情权保护的实践相脱节。

2. 自由贸易理论的影响

WTO 及其前身 GATT 实施自由贸易的理论基础是古典经济学理论。被称为现代经济学之父的亚当·斯密在《国富论》中明确表明，自由贸易可以促进消费者利益。"对能与本国产物和制造业竞争的所有外国商品的进口限制，显然是为了生产者的利益而牺牲了消费者的利益。""对本国某些产品的出口发放奖金，也完全为了生产者的利益。国内消费者不得不负担，第一是为了支付这种奖金所必须征收的税收……""与葡萄牙所订立的著名的通商条约，通过高关税，使得我国消费者不能从邻国购买我国本国气候所不宜生产的某种商品，而不得不向一个遥远的国家去购买……"。[1]从亚当·斯密反对重商主义的表述，我们不难发现其主张消费者可以通过自由贸易获得利益的观点。他认为，进口限制、出口补贴、高关税等都会对消费者利益造成负面影响。芝加哥学派是二战后最大和最有影响力的新自由

---

〔1〕［英］亚当·斯密：《国富论》，孙善春、李春长译，中国华侨出版社 2010 年版，第 281 页。

主义学派，其代表人物弗里德曼同样认为消费者利益可以通过自由贸易而实现。他认为消费者利益的最好的保护者不是政府而是市场，"这个世界不是尽善尽美的，永远会有质量低劣的各种产品、庸医和诈骗能手。但总的来讲，如果允许市场竞争起作用，那它同加在市场头上的越来越多的政府机构相比，将能更好的保护消费者""保护消费者的最有效方法是国内的自由竞争和遍及全世界的自由贸易"[1]则是弗里德曼的名言。以上古典经济理论和新自由主义的观点，表明了其关于自由贸易可以给消费者带来利益的观点。这与当时的消费者利益比较简单、主要表现为经济利益有关。所以，降低关税、减少贸易壁垒、非歧视性待遇等保护生产者利益的 GATT 条款，能够保障贸易自由，也就实现了消费者的经济利益。因此，这些理论也在一定程度上说明了为什么当时 GATT 协议主要反映了生产者利益，而消费者利益并没有得到反映。不是生产者利益比消费者利益重要，而是基于自由贸易能够促进生产者利益，同时，消费者利益也得到了实现。

综上所述，在 1947 年缔结 GATT 时，基于以生产者利益为中心的自由贸易同样可以实现消费者利益的假定，可以在经济理论中找到依据。但伴随着消费者利益的日益多元，而不仅仅局限于经济利益，简单地以生产者利益为中心的规则已经不能实现消费者利益。在这种情况下，GATT 以及后来的 WTO 仍然以生产者利益为中心、忽视消费者利益的自由贸易体制，并不能从经济理论中找到依据。

3. 政治方面的因素

GATT 以及后来的 WTO，都不是严格按照某一个理论而建

---

〔1〕　［美］米尔顿·弗里德曼、罗斯·弗里德曼：《自由选择——个人声明》，胡骑等译，商务印书馆 1982 年版，第 236 页。

立的，而是国家通过谈判、妥协而达成的。公共选择理论在一定程度上从政治的角度解释 WTO 为什么会形成以生产者利益为中心的法律体系。公共选择理论产生于 20 世纪 50 年代，该理论是运用新古典经济学的基本假设和分析工具来研究政治市场的行为，特别是政治中的集体决策问题。布坎南是公共选择理论的领袖，并因此获得诺贝尔奖。按照公共选择理论的观点，政治家也是理性人，其从事政治活动的目的是追求自身利益最大化。政治家为了获得政治支持或选票最大化，往往屈服于代表特殊利益的压力集团。[1]利用公共选择理论同样可以分析国家为什么会加入国际贸易协定及其协定具体规则的形成。由于生产企业比消费者组织程度更高，因此，和消费者组织相比，这些利益集团往往会对政治家产生影响。在 GATT 缔结之初，相比组织松散的消费者，组织程度更高的生产企业更能影响政府的决策。因此，政府对组织性更多的生产工业的关注要大于对消费者利益的关注，GATT 协议自然就成为生产者利益导向的规则，而忽视了消费者利益。

4.2 WTO 中影响消费者知情权保护的具体因素

　　各国采取食品标签措施目的并不相同，包括食品安全、环境保护或向消费者提供信息等不同的目的。如果采取食品标签措施的成员主张其措施是为了保护消费者健康或环境保护时，这类争议就和食品安全或环境保护有关，成为 WTO 常见的案件。但如果食品标签措施与食品安全或环境保护无关，WTO 成员以向消费者提供信息、保护消费者知情权为由采取的食品标

―――――――――

〔1〕　方福前："'经济人'范式在公共选择理论中的得失"，载《经济学家》2001 年第 1 期。

签措施，在 WTO 中则属于新的议题。专家组和上诉机构在确保消费者知情权的实现和变相的贸易保护主义之间做出判断是非常困难的。具体而言，以保护消费者知情权为目标的食品标签措施能否在 WTO 中获得正当性，主要受到以下几个具体因素的影响。

4.2.1 消费者偏好和习惯在"同类产品"认定中作用不大

WTO 法建立在赋予成员国给予进口产品以平等竞争机会的义务之上，即禁止进口产品与国内产品之间以及不同成员的产品之间的歧视。调整食品标签措施的 GATT 协议和 TBT 协议都强调非歧视待遇义务，具体包括最惠国待遇义务和国民待遇义务。非歧视待遇义务禁止在"同类产品"（like product）之间实施歧视性待遇，确保产品之间的公平竞争。食品标签措施将食品划分为加贴标签的食品和未加贴标签的食品，WTO 争端解决机制在判定是否存在歧视的前提是确定两种产品是否属于"同类产品"。WTO 禁止在同类产品之间实施歧视，但如果两种产品被认定不属于同类产品，那么进口国对不同的产品采取不同措施就没有违反 WTO 的非歧视性义务。一旦认定属于同类产品且对进口产品的待遇低于国内产品，这就需要做进一步的分析以判断这种不同待遇能否获得正当性。因此，"同类产品"在 WTO 法律体系当中是一个核心概念。GATT1994 协议与 TBT 协议的多个条款都提及"同类产品"，例如，GATT1994 协议第 1 条最惠国待遇、第 3 条国民待遇以及 TBT 协议第 2.1 条的非歧视性待遇等。消费者偏好和习惯是判断"同类产品"时需要考虑的一个因素，该因素与消费者知情权保护密切相关。

1. 消费者知情权与消费者偏好和习惯

消费者偏好是指消费者对所购买或消费的产品的爱好胜过

其他产品，它是消费者对产品优劣性所产生的主观感觉和评价。这一概念建立在消费者行为的基础上，并作为消费者行为特征的组成部分。消费者偏好受到文化因素、经济因素、社会因素等多种因素的影响，同时又会对消费者的行为产生影响。消费习惯是指消费者在长期消费实践中形成的对消费产品具有稳定性偏好的心理表现。在 WTO 争端实践中，消费者偏好和习惯是指消费者愿意使用一种产品而不是另外一种产品实现其最终用途的程度。[1]

食品标签的作用是通过向消费者提供信息便于消费者做出知情选择。食品标签措施往往将食品划分为两类：符合标签要求的食品和不符合标签要求的食品。以消费者知情权保护为依据的食品标签所区分的食品，往往是与食品特性无关的生产过程和生产方法。例如，"海豚安全"标签、转基因食品标签等。这些食品标签措施往往建立在这样的假设基础上：消费者对两种产品之间有区分，但市场却没有提供允许消费者对两种产品进行区分的充分信息。因此，需要使用标签的形式向消费者提供其希望得到的信息。因此，消费者知情权与消费者偏好和习惯之间存在着紧密联系。

2. "同类产品"认定的不同标准

"同类产品"的判断是非常困难的，特别是考虑到不同的文化、环境、产品等内部及外部因素。WTO 在评估两种产品是否属于"同类产品"时并不总是使用相同的标准，评估标准也在不断发生变化。[2]

---

〔1〕　Appellate Body Report, *EC-Asbestos*, para. 117.

〔2〕　See Edward S. Tsai, "'Like' Is a Four-Letter Word -GATT Article Ⅲ's 'Like Product' Conundrum," *Berkeley Journal of International Law*, Vol. 17, 1999, pp. 46~47.

（1）边境税标准

GATT 以及后来的 WTO 协议都并没有对"同类产品"的判定标准予以界定。1970 年 GATT 边境税调整工作报告指出，对"同类产品"这一术语的解释应该个案处理，这样才能公平地评价每一个案件中产品的各种因素。同时，建议利用一些标准来判定"同类产品"：①在一个特定市场中产品的最终用途；②消费者的偏好和习惯，不同国家的消费者会有不同的偏好和习惯；③产品的特性、本质和品质。〔1〕日本酒精饮料案的上诉机构将"关税分类"作为补充因素加入其中。这四个标准被称为确定同类产品的传统标准，在 WTO 争端解决中被广泛采用。同时，上诉机构强调这些判断标准既不是条约的强制性规定，也不是穷尽的，而是一种判断工具。〔2〕四个因素中的每一个因素都对"同类产品"的认定起到或多或少的作用。由此可以看出边境税标准也在不断地发生改变，以适应时代和环境的变化。

另外需要注意，"同类产品"在不同协议、不同条款中出现，其内涵和外延存在差异。日本酒税案的上诉机构提出了手风琴理论：在 WTO 协议的条文适用时，没有任何一种判断的方法对于所有的案件都是合适的。边境税报告的标准应当被考虑，但是对何谓"同类产品"没有一个准确和绝对的定义。必须根据"同类产品"一词所处的特定条文和该条文可能适用的特定案件的情形和语境来确定。〔3〕专家组在确定"同类产品"时，必须根据他们的最佳判断，这不可避免需要一定的自由裁量权。

总之，个案标准和手风琴理论的提出，可以确保对每一个

---

〔1〕 Working Party Report, Border Tax Adjustment, adopted 2 December 1970, BISD 18S/97.

〔2〕 Appellate Body Report, *EC-Asbesto*, paras. 101~103.

〔3〕 Appellate Body Reports , *Japan-Taxes on Alcoholic Beverages*（*Japan-Alcoholic Beverages* Ⅱ）, WT/DS8/AB/R, WT/DS10/AB/R, WT/DS11/AB/R, para . 21.

案件中可能构成同类产品的不同要素进行公平评估。WTO 争端解决机构在判断是否属于"同类产品"时，具有较大的自由裁量权，对同类产品的认定带来一定的不确定性。

（2）目标和效果标准

边境税标准在同类产品认定中发挥主要作用，有学者称其为"专家组标准"。但在 1990 年代初的几个案件中提出了"目的和效果"标准，即同类产品的认定必须考虑争议措施的目的和效果。该标准是除边境税标准之外唯一被案件采用过的方法。目标和效果标准需要对被诉方立法的真实意图进行判断，这在很大程度上损害了该国在国际上的尊严和声誉。而边境税标准是针对产品的特性和用途的比较来达到认定产品的相似性或替代性，避免了评价一国立法或规章背后的意图。[1]1996 年日本酒类案中，专家组和上诉机构均强调目标和效果标准重在考察立法者或监管者的立法意图，而这些意图经常是混合的，具有很强的不确定性。[2]此后的更多案件表明，为了避免 WTO 成员和争端解决机构对主观意图的解释，拒绝使用目的和效果标准。但在 2011 年的美国丁香烟案的专家组报告中，专家组在 TBT 协议下进行"同类产品"分析时，试图在传统的四标准之外增加对规则目标的考虑。专家组在比较消费者偏好和习惯时认为，由于美国措施的目标是减少青少年吸烟，所以应该审查青少年吸烟者和潜在的青少年消费者的习惯。但上诉机构则认为在规则目标的基础上而不是根据产品的竞争关系上判断产品是否属于同类产品，将是非常困难的。应该由市场决定相关消费者的范围，而不能以争议措施的目标为基础来确定消费者的范围。

---

〔1〕　参见徐忆斌："'特征与比较'抑或'目的与效果'——GATT 第 3 条'同类产品'认定标准之探证"，载《求索》2007 年第 6 期。

〔2〕　Appellate Body Report, *Japan-Taxes on Alcoholic Beverages*, paras. 27~28.

同时，在分析消费者偏好和习惯方面时并不需要显示产品对于所有的消费者都具有替代性。只要对一些消费者而言，产品之间具有高度可替代性，就可以支持产品是同类的结论。最终，上诉机构推翻了专家组根据规则目标分析同类产品的做法而采取了传统的边境税标准。[1]因此，目标和效果标准在 WTO 争端解决实践中的作用并不大，使用的次数非常少。但不容否定的是目标和效果标准也有其独特的作用，即能够增加成员的监管自主权，这一方法有可能使非贸易价值目标的食品标签的规则获得正当性。[2]

总之，在 WTO 成立以前，专家组以个案为基础确定同类产品，GATT 时期并没有出现特别的一致性。WTO 建立后，伴随着争端解决机制的"司法化"，这种趋势开始扭转。上诉机构作为争端解决的最高裁决机构，在分析问题时表现出更加一致的趋势。[3]即在同类产品的判断中，主要从产品的物理特性、最终用途、消费者品位和习惯以及关税分类表四个方面来考虑。这无疑在一定程度上增加了同类产品概念的可预测性和稳定性。

3. 消费者偏好和习惯在"同类产品"认定中的作用较小

消费者偏好和习惯标准在"同类产品"认定中的作用，对以实现消费者信息为基础的食品标签措施尤为重要。因为这类措施往往建立在过程信息的基础上，它所区分的产品往往只在生产过程和生产方法方面不同，而在物理特性、最终用途方面

---

〔1〕 Appellate Body Report, *US -Clove Cigarettes*, paras. 104~112.

〔2〕 See Won Mog Choi, "Overcoming the 'Aim and Effect' Theory: Interpretation of the 'Like Product' in GATTArticle Ⅲ", *U. C. Davis Journal of International Law & Policy*, Vol. 8, 2002, p. 116.

〔3〕 See Adrian Emch, "Same Same But Different? Fiscal Discrimination in WTO Law and EU Law: What Are 'Like' Products?" *Legal Issues of Economic Integration*, Vol. 32, 2005, pp. 369~415.

则没有区别。即这种标签措施往往是在满足消费者想知道与食品本身特性无关的生产过程和方法的基础上建立的，像转基因食品标签、动物福利标签、生态标签等，是消费者基于各自的偏好和习惯对食品的一种区分。因此，按照上述判断"同类产品"的四个一般标准，以消费者知情权保护为目的的食品标签措施所区分的两类食品往往在物理特性、最终用途以及关税分类表三个方面是相同的，唯一不同的是消费者品位和习惯的不同。"消费者偏好和习惯"在同类产品认定中属于一项较为主观的标准，该标准基于市场竞争因素和产品的替代性，从消费者视角来进行判断是否属于"同类产品"。总之，利用消费者偏好和习惯标准认定两种产品不属于"同类产品"的情况下而对进口产品实施差别待遇，并没有违反 WTO 体制下的非歧视性待遇义务。这也是使争议措施在 WTO 体制中获得正当性的一种最直接的方法。

　　如何评估消费者偏好和习惯对竞争关系和同类产品认定的影响的法律标准并不明确，WTO 争端解决实践也没有一致的做法。在欧共体石棉案中，专家组认为消费者偏好和习惯标准无法为同类产品的认定提供明确的结果。其理由是消费者是不同的，影响其偏好和习惯的因素也不同。[1]但上诉机构认为，采用边境税的四个标准的方法来判断是否属于同类产品，专家组应该检查与每一个标准相关的证据，评估所有这些证据及其他的证据，以便全面测定争议中的产品是否是"同类的"。而本案专家组只是审查了第一个标准，就得出"同类产品"的结论，这显然是不合适的。[2]另外，消费者偏好和习惯标准是涉及产品之间竞争关系的关键要素：为了某一用途，消费者选择或者

〔1〕　Penal Report, *EC-Asbestos*, paras. 8, 139.

〔2〕　Appellate Body Report, *EC-Asbestos*, para. 109.

愿意选择某一产品而不是其他产品的程度。而这种类型的证据对 GATT1994 协议第 3.4 条特别重要，因为该条要求考虑市场的竞争关系。如果两种产品之间不存在竞争关系，成员就不能通过国内税或规则来保护国内工业。[1] 由于本案涉及的产品在物理特性方面的巨大差距，石棉产品固有的健康风险因素可能影响到消费者的消费习惯。其基本原理是和健康风险相联系的产品可能被消费者视为不同产品。上诉机构认为专家组并没有对判断同类产品的每一个标准进行充分考虑，也没有对如何适用这一标准进行说明。[2] 因此，不能得出属于"同类产品"的结论。

在争端解决机构的实践中，认定"同类产品"的关键因素是考虑两者之间是否存在竞争关系。上诉机构在美国丁香烟案中认为，在考虑 TBT 协议第 2.1 条下产品是否属于同类产品时，没有必要论证对所有的消费者而言产品之间具有替代性，或者在整个市场都具有竞争关系。如果产品在一些消费者之间具有高度的替代性就足以证明相关产品可能构成"同类产品"，这也有利于得出属于同类产品的认定。[3] 即只要相关产品对于一部分消费者而言具有替代性即可，而不考虑这一部分消费者是否具有代表性或在所有消费者中所占比例的大小。因此，通过消费者偏好和习惯来认定两种产品属于同类产品是比较容易的，而要通过该标准证明产品不属于同类产品却面临较大困难。即需要证明对所有消费者而言，两种产品在市场上具有替代性。

消费者偏好和习惯是一个主观标准，和消费者的消费方式有关。该标准是从消费者的视角对市场竞争因素和产品的替代

---

[1] Appellate Body Report, *EC-Asbestos*, para. 117.

[2] Appellate Body Report, *EC-Asbestos*, paras. 109, 120, 139~149.

[3] Appellate Body Report, *US-Clove Cigarettes*, para. 142.

性进行衡量。注入这一模糊标准，有助于增加专家组的自由裁量权。在产品在物理特征方面存在细微差别的情况下，这一主观判断会防止因细微的差别而无法得出"同类产品"的结论。[1]但在产品物理特性、最终用途、关税分类表三个方面都相同时，能否以消费者偏好和习惯不同来认定不属于同类产品呢？一些研究表明，消费者往往愿意为具有某种特征的产品支付额外的费用。例如，非转基因食品、低碳产品等。这表明至少对一些消费者而言，他们对具有某种特征的产品与不具有这种特征的产品的消费偏好是不一样的，这种消费偏好的产生可能基于环境、健康以及安全等因素。在欧共体石棉案当中，专家组认为不应该在评估同类产品中考虑健康和安全因素，但上诉机构对此并不认同，认为健康因素会影响消费者偏好和习惯。在实践中，健康和安全风险将会对消费者偏好产生影响，不管这种因素是否有科学依据还是仅仅是一种感知，这是一种不可否认的事实。在欧共体石棉案当中，石棉对健康的影响是有科学证据支持的。而以消费者知情权为目标的食品标签措施往往反映的是与产品特性无关的生产过程和生产方法，即使消费者可能会对食品的安全问题产生担忧，但这只是一种感知风险，缺乏科学证据支持。同时，消费者的偏好千差万别，以哪些消费者的偏好为准，这些问题很难得出客观判断。消费者的消费习惯和偏好也不是固定的，会随着时间和空间的变化而变化。因此，"消费者偏好和习惯"因素在判定"同类产品"中所发挥的作用还是非常有限的，同时，如何操作缺乏实践。消费者的偏好和习惯往往与产品的生产方法和过程有关，而这些特性往往与产品的最终特性无关。消费者的偏好与习惯并不固定，也随时

---

　　[1]　See Edward S. Tsai, "'*Like*' *Is a Four-Letter Word* — *GATT Article* Ⅲ's '*Like Product*' *Conundrum*", *Berkeley Journal of International Law*, Vol. 17, 1999, p. 31.

可能会发生变化。因此，专家组或上诉机构很难仅仅以"消费者偏好和习惯"的不同将其认定为不同产品。

综上所述，消费者偏好和习惯标准在"同类产品"认定中的运用主要依据消费者对国内产品和进口产品的态度。上诉机构在欧共体石棉案中要求专家组检查消费者愿意使用一种产品而不是另一种产品来实现最终用途的程度。[1]如果消费者对这两种产品进行区分则不视为是同类产品，如果消费者认为这两种产品是同类的则视为同类产品。消费者偏好和习惯标准对以消费者信息保护为目的的措施尤其重要，因为这类措施往往建立在这样的假设上：消费者对两种产品进行区分，但市场不能提供足够信息以便消费者对这两种产品进行区分。但以往的实践表明，当两个产品的特征和最终用途相似时，往往会被认定构成"同类产品"，而消费者偏好和习惯在传统的竞争关系的认定中作用并不大。在产品的物理特性存在差异时，消费者偏好和习惯可以起到一定的作用，防止因细微的差别而导致无法认定"同类产品"。但要通过消费者偏好和习惯这一标准来得出产品不属于"同类产品"的希望则微乎其微。

4.2.2 NPR-PPM[2]是否属于 WTO 协议的调整范围

1994 年经济合作与发展组织（Organization for Economic Co-operation and Development，简称 OECD）将产品的生产过程和生产方法（Processing & Product Method，简称 PPM）划分为两类："产品特性有关的 PPM"（Product-Related PPMs，简称 PR-PPM）和"与产品特性无关的 PPM"（No-Product-Related

---

〔1〕 Appellate Body Report, *EC-Asbestos*, para. 117.

〔2〕 NPR-PPM 的全称 No-Product-Related -Processing & Product Method，与产品特性无关的生产过程和生产方法。

PPMs，简称 NPR-PPM）。在 WTO 协定中并没有明确对 PPM 标准分类，虽然 TBT 协议对技术法规的定义以及 SPS 协议对卫生与植物卫生措施的定义中都提到了生产过程和生产方法，但是二者均没有对生产过程和方法进行详细分类，但是 WTO 争端解决机构在争端解决实践中确立了"产品—过程区别"原则。[1] 在一些 WTO 案例中，当两种产品的物理特性相同但生产过程和生产方法不同的情况下，进口国对两种产品的待遇并不相同，其理由往往是为了保护消费者的知情权。

1. 以消费者知情权保护为目标的食品标签措施与 NPR-PPM

WTO 法赋予成员国给予进口产品以平等竞争机会的义务，专家组和上诉机构在判定是否存在歧视的主要依据是产品本身的属性。如果一个国家允许将产品区分建立在消费者偏好和习惯基础上的 NPR-PPM，往往会被解释为贸易保护主义的政策。但消费者偏好和习惯已经扩展到产品的一些看不见的属性上，例如，"放养"鸡、"公平贸易"咖啡、"海豚安全"金枪鱼等。消费者无法从产品本身获得 NPR-PPM 的信息，这些看不见的产品属性必须通过食品标签才能获得。而如果没有一个可靠的认证体系，消费者无法辨别真伪。统一的标签要求更有利于实现消费者知情权。国际贸易领域更是如此，伴随着贸易自由化，产品可以更自由、更频繁地跨越国界。但消费者对于进口产品的欺诈很难做到事先的防范和事后的救济，从而更容易使消费者遭受欺诈。[2] 要求生产者承担披露相关信息的成本可能出现两种不同的结果：如果对这种无形的特性有需求的消费者足够

---

〔1〕　刘瑛、常丽娟："论 PPM 标准在 WTO 中的法律地位"，载《国际贸易》2014 年第 2 期。

〔2〕　See Lowe, Erik R. , "Technical Regulations to Prevent Deceptive Practices: Can WTO Members Protect Consumers from〔un〕Fair-Trade Coffee and〔Less-Than〕Free-Range Chicken?", *Journal of World Trade*, Vol. 48, 2014, p. 594.

多的，生产者将能够回收由于披露这些信息所增加的成本；如果没有足够多的消费者，生产者将不再生产这种属性的产品。因此，这类食品标签措施对国际贸易造成的影响也是非常明显的。这些问题又一次引起了关于 WTO 成员追求国内政策目标的监管权力有多大的讨论，即如何保持国内消费者知情权保护的监管空间，同时又不推翻 WTO 贸易自由化的总体目标。

2. GATT1994 协议、TBT 协议与 NPR-PPM

（1）GATT1994 协议与 NPR-PPM

WTO 成员能否基于 NPR-PPM 区分产品是非常具有争议性的问题，关于这一争议从 GATT 时期已经开始。有关 NPR-PPM 措施的法律问题主要涉及两点：一是 GATT 协议有关规则是否允许成员方以进口产品的 NPR-PPM 为依据而禁止进口此类产品，或依据产品的 NPR-PPM 而区别对待相同的进口产品和本国产品；二是如果 NPR-PPM 措施违反 WTO 规定成员方实质性义务的条款，那么该措施能否利用 GATT 协议第 20 条的例外而获得正当性。

美国金枪鱼Ⅰ案（墨西哥）和美国金枪鱼案（欧共体）两案的争议点是一样的，即美国能否以 PPM 采取单边措施试图改变其贸易伙伴的出口产品的生产过程和生产方法。专家组得出相同的结论：NPR-PPM 措施不属于 GATT 协议第 1.1 条和 3.4 条的调整范围，其理由是 GATT 协议第 1 条和第 3 条的调整范围是"产品"而不是产品的生产过程和生产方法。例如，在美国金枪鱼Ⅰ案中，专家组指出 GATT 协议第 3.4 条只是影响产品本身的措施，[1]专家组对产品的生产过程和方法与产品本身进行了明确的区分，并认为捕获过程对海豚造成伤害不能成为限制

---

〔1〕 Panel Report, *US-Tuna I*, paras. 5, 14.

贸易自由的理由。即不能根据产品的生产过程和生产方法来区别对待相同的本国产品和进口产品。同时，PPM 措施不属于 GATT 第 20 条的例外范围。也就是说，不允许缔约方利用 GATT 协议第 20 条采取 PPM 措施来保护其管辖领域之外的环境。但在美国海虾案中，上诉机构对 NPR-PPM 措施的态度有所改变，即如果 PPM 措施与可用竭自然资源有关，即使该 PPM 与产品最终特征无关，但基于该 PPM 的贸易措施本身仍然可以获得正当性。这表明 WTO 对 PPM 标准上的新立场，即并不禁止使用 NPR-PPM 标准作为限制贸易的手段，但同时要求其实施过程不得构成不必要的贸易壁垒。这是 WTO 首次对 NPR-PPM 标准的认可，尽管这一认可是微弱的、暗含的。[1]

（2）TBT 协议与 NPR-PPM

TBT 协议附件 1 针对技术法规[2]和技术标准[3]的定义中，都提及生产过程和生产方法（PPM）。TBT 协议附件 1.1 第一句提到的 PPM 涉及“相关”一词，而在第二句话的标签要求中，省略了“相关”一词。广义解释认为第一句话中的“相关”只是在产品与 PPM 之间建立联系，并没有对 PPM 做区分。从狭义解释的角度看，第一句话中的“相关”是指与产品特性相联系的 PPM（PR-PPM）措施，而第二句话没有“相关”一词，应该包括 PR-PPM 和 NPR-PPM 两种情况。

---

〔1〕　参见鄂晓梅：《单边 PPM 环境贸易措施与 WTO 规则：冲突与协调》，法律出版社 2007 年版，第 6~7 页。

〔2〕　技术法规是指“规定强制执行的产品特性或其相关生产过程或生产方法，包括适用的管理规定在内的文件。该文件还可包括或专门关于适用于产品、生产过程或生产方法的专门术语、符号、包装、标志或标签要求”。

〔3〕　技术标准是指“经公认机构批准的、规定非强制执行的、供通用或重复使用的产品或相关生产过程或生产方法的规则、指南或特性的文件。该文件还可包括或专门关于适用于产品、生产过程或生产方法的专门术语、符号、包装、标志或标签要求”。

欧共体石棉案的上诉机构第一次对技术法规的定义进行了详细的分析，TBT协议附件1.1条的第二句话所指的"专门术语、符号、包装、标志或标签要求"是对产品特性的列举，这表明产品特性不仅包括产品本身所固有的特性也包括相关的特性，例如，产品的区分方式、外观或表现形式等。产品的特性既可以用肯定的方式规定也可以否定的方式规定。[1]这一分析表明，标签要求本身就构成了产品的一种区分方式，属于产品特性的一种。美国金枪鱼Ⅱ案和美国COOL案中，"海豚安全"标签要求和COOL标签要求都是基于与产品特性无关的PPM的基础上。两案的专家组和上诉机构都没有讨论PPM问题，而是直接将其纳入TBT协议的调整范围。其原因在于两案涉及的都是标签措施，而TBT协议附件1.1条的技术法规的定义中明确提及标签要求。另外，两案的专家组和上诉机构在解释构成技术法规条件之一的产品特性时，认为标签作为产品的一种区分方式直接构成产品特性。即使标签要求完全基于与产品特性无关的PPM，也将其解释为规定了产品的特性。但上诉机构在欧盟海豹产品案中，明确表示只有与产品特性有关的PPM才属于TBT协议技术法规的调整范围，至于何谓与产品特性有关的PPM并不清楚。如果按照通常的含义理解，与产品特性有关的PPM是指那些对最终产品造成影响的PPM，无疑那些并不影响最终产品特性的PPM则被排除在TBT协议之外。鉴于本书讨论的是消费者知情权保护的食品标签措施，而标签要求本身就属于TBT协议所规定的产品特性，没有必要再进一步分析标签要求是否基于与产品特性无关的PPM。因此，即使食品标签要求完全建立在与产品特性无关的生产过程和生产方法的

---

〔1〕 Appellate Body Report, *EC-Asbestos*, paras. 67, 69.

基础上，也属于 TBT 协议的调整范围。这些案例表明，建立在
NPR-PPM 基础上的食品标签措施也可能构成技术法规，属于
TBT 协议的调整范围。和 GATT1994 协议是否调整 NPR-PPM 措
施不同，TBT 协议调整 NPR-PPM 措施的论断并没有引起太多
的争论。

　　总之，尽管 GATT1994 协议和 TBT 协议都没有明确规定与
产品特性无关的 PPM，但在争端解决实践中，通过专家组和上
诉机构的解释表明基于 NPR-PPM 的措施属于这两个协议的调
整范围。因此，WTO 成员为了保护消费者知情权而采取以 PPM
为基础的食品标签措施时，必须考虑其在 GATT1994 协议和 TBT
协议下的义务。

4.2.3　TBT 协议第 2.1 条与消费者知情权保护的食品标签措施

　　为了判断争议措施是否违反了 TBT 协议第 2.1 条，需要审
查三个要素：一是争议措施是否构成 TBT 协议附件 1.1 条所规
定的技术法规；二是进口产品与国内产品或其他国家的产品是
否属于同类产品；三是对进口产品的待遇是否低于国内或其他
国家的同类产品。[1]在以前章节中已经分析了食品标签措施是
否属于技术法规，因此，不再对第一个要素进行分析。在实践
中，第二个要素的"同类产品"认定基本上采用了 GATT1994
协议第 3.4 条中"同类产品"的分析方法；对第三个要素的分

---

　　〔1〕　Appellate Body Report, *United States-Measures Affecting the Production and Sale of Clove Cigarettes*（*US - Clove Cigarettes*），WT/DS406/AB/R, adopted 4 April 2012, para. 87.

析往往使用两步骤分析法[1]：首先，争议的技术法规是否修改了相关市场的竞争条件而对进口产品产生不利影响。其次，这种不利影响是否完全源自正当的监管区分（a legitimate regulatory distinction）。

1. "同类产品"的认定

TBT协议第2.1条包括国民待遇和最惠国待遇，对比较容易发生争议的国民待遇而言，"待遇不低于"的判断是基于进口产品与国内同类产品之间的比较。在美国丁香烟案中，美国主张应该在所有的进口产品和所有的国内产品之间进行比较，而不是只在被禁止的产品与不被禁止的产品之间进行比较。但上诉机构认为，TBT协议第2.1条"待遇不低于"是在进口产品与国内（或来源于其他国家）同类产品之间的比较。在判定哪些产品属于同类产品时，专家组要基于进口国国内市场上的进口产品与国内或其他国家产品的竞争关系。专家组的这一认定不受申诉方所确定的产品的影响，申诉方确认产品只是专家组分析同类产品的开始。[2]在美国金枪鱼Ⅱ案同样明确是在进口产品与国内同类产品之间的比较，而不是直接将有"海豚安全"标签的产品与没有"海豚安全"标签的金枪鱼产品之间的比较。因此，TBT协议第2.1条"待遇不低于"的要求是在进口产品和国内（或来源于其他国家）同类产品的比较。但在实践中，比较容易发生争议的情况是标签措施对进口产品与国内产品进行了区分并对进口产品产生了不利的影响。例如，在美国金枪鱼Ⅱ案中，美国的金枪鱼产品基本上都符合"海豚安全"标签的要求，而墨西哥的金枪鱼产品大部分不符合"海豚安全"标

---

[1] 美国丁香烟案、美国金枪鱼Ⅱ案、美国COOL案等案件中，上诉机构都利用了两步骤分析法。

[2] Appellate Body Report, *US–Clove Cigarettes*, paras. 190~195.

签的要求。这样在具体分析时把美国金枪鱼产品视为符合"海豚安全"标签产品而将墨西哥金枪鱼产品视为不符合"海豚安全"标签的产品，最终是在"海豚安全"标签产品与不具备"海豚安全"标签产品之间的比较。所以，双方最后的争议往往集中在食品标签所区分的产品是否属于同类产品这一问题上。

食品标签要求一般与食品特性或其生产过程或生产方法有关，而与食品的来源无关。因此，食品标签措施往往属于来源中性措施。食品标签措施将食品区分为两类：满足标签要求的食品和不满足标签要求的食品。以消费者知情权为理由的食品标签措施往往是以与食品特性无关的 PPM 为基础而对食品做出区分，根据本章前一部分的分析可知，消费者偏好和习惯在"同类产品"认定中的作用并不大。在产品物理特性、最终用途以及关税分类表都相同的情况下，很难仅以消费者偏好和习惯不同而得出产品不属于"同类产品"的结论。因此，以消费者知情权为理由的食品标签所区分食品比较容易被认定为属于"同类产品"。

2. 食品标签措施是否修改了竞争条件而对进口产品造成不利影响

根据 TBT 协议附件 1.1 条的技术法规定义可知，技术法规的本质就是根据产品特性及相关的生产过程或方法而对产品进行区分管理。因此，仅仅区分本身，特别是当这种区分完全基于产品特征或产品的生产过程或方法，并不能认定违反了 TBT 协议第 2.1 条的"待遇不低于"的义务。[1]"待遇不低于"的判断依据是争议措施是否对相关市场的竞争条件造成影响。食品标签措施往往是来源中性的措施，是按照食品特点、生产过

---

〔1〕　Appellate Body Report, *US-Clove Cigarettes*, para. 169.

程或方法来区分产品，而与其国别无关。因此，食品标签措施本身并不存在法律上的歧视，但往往会造成事实上的歧视。美国金枪鱼Ⅱ案中，"海豚安全"标签在美国的金枪鱼产品市场具有重大的商业价值，获得"海豚安全"标签在美国市场构成了一种"优势"。由于墨西哥主要在ETP海域利用海豚定位的方法捕获金枪鱼，而美国不在ETP海域利用海豚定位的方法捕获金枪鱼。根据美国法律，大多数墨西哥的金枪鱼产品无法获得"海豚安全"标签，而美国的金枪鱼产品却可以获得"海豚安全"标签。所以，美国的措施改变了市场竞争条件，使墨西哥金枪鱼产品处于不利的竞争地位。

另外，还需要考虑对进口产品的不利影响是来自政府的干预还是私人行为。即在得出食品标签措施对进口产品产生不利影响之后，还要求进一步分析这种不利影响是争议措施造成的，还是由私人行为造成的。为此，专家组和上诉机构必须在争议措施与"待遇低于"之间建立因果关系。即私人采取的特定行为是不是政府干预的结果，但这并不需要表明政府的干预必须是强制的，只要能够表明政府为私人采取特定行为提供了一种激励即可。[1]在韩国牛肉案中，上诉机构认为单独的零售体系销售国内牛肉和进口牛肉的待遇并不相同。上诉机构比较了韩国采取争议措施前后的情况：在采取措施之前，小零售商可以同时销售国产牛肉和进口牛肉，但该措施却要求小零售商只能销售一种牛肉。小零售商只能在销售国产牛肉和进口牛肉之间进行选择，很显然大多数零售商会选择销售国产牛肉。其结果是将进口牛肉排除在销售渠道之外。虽然小零售商可以自主选择，但却是该措施促使小零售商做出选择。在这种情况下，一

---

〔1〕 Appellate Body Report, *US-COOL*, paras. 127~129.

些私人选择因素的介入并不能减轻争议措施在 GATT1994 协议下
对进口产品竞争条件的不利影响的责任。[1]专家组在欧共体沙
丁鱼案中指出，如果允许 WTO 成员"创造"消费者预期，然后
"创造"消费者预期所生产的贸易限制获得正当性。那么就是授
权允许规则贸易限制的"自我证明"。通过规则干预市场的方式
塑造消费者预期并获得正当性是危险的。[2]在美国金枪鱼 II 案
中，专家组认为对进口产品的不利影响是私人行为的结果，但
上诉机构推翻了这一裁定，认为是标签措施而不是私人行为修
改了市场竞争条件而对进口产品不利。[3]美国海豚安全标签措
施本身控制着能否获得标签，即使是由于美国消费者反对墨西
哥海豚定位的捕鱼方式而导致墨西哥的金枪鱼产品无法广泛进
入美国市场，也无法改变是争议的措施而不是私人行为导致大
多数墨西哥金枪鱼产品无法进入美国市场。[4]在美国 COOL 案
中，美国将争议的标签措施对进口产品造成不利影响归因于私
人选择而不是标签措施。但专家组和上诉机构并不同意美国的
观点，专家组认为虽然 COOL 措施并没有要求按牲畜来源来分
割，但由于受到该措施的激励，因此私人的决定并不独立于该
措施。[5]

　　综上所述，如果市场竞争条件的改变不是由法律或政府监
管措施直接或间接造成的，而仅仅是私人企业根据自己成本收
益计算的结果。在这种情况下，不能得出争议措施对进口产品

〔1〕　Appellate Body Report, Korea-Measures Affecting Import of Fresh, Chilled and
Frozen Beef (*Korea-Various Measures on Beef*), WT/DS161/AB/R, WT/DS169/AB/R.,
paras. 145~146.

〔2〕　Panel Report, *EC-Sardines*, paras. 7, 127.

〔3〕　Appellate Body Report, *US-Tuna* II (*Mexico*), para. 239.

〔4〕　Appellate Body Report, *US-Tuna* II (*Mexico*), para. 239.

〔5〕　Appellate Body Report, *US-COOL*, para. 126.

的待遇低于国内同类产品的结论。[1]如果进口产品处于不利地位是政府干预的结果，即争议措施促使私人做出选择而改变了市场竞争条件，则视为是争议措施改变了市场竞争条件而不是私人选择的结果。

3. 损害是否完全源自正当的监管区分

TBT 协议第 2.1 条[2]与 GATT1994 协议第 3.4 条[3]有关国民待遇义务的表述如出一辙，但和 GATT1994 协议相比，TBT 协议并没有类似于 GATT1994 协议第 20 条的一般例外条款。如果 TBT 协议第 2.1 条与 GATT1994 协议第 3.4 条中的"同类产品""待遇不低于"具有相同的含义，单纯从文本的角度解释将会导致 TBT 协议的非歧视性待遇义务要严于 GATT1994 协议的非歧视待遇义务。因为一些违反了国民待遇义务的争议措施，如果满足了 GATT1994 协议第 20 条将获得正当性。GATT1994 协议第 20 条的一般例外条款的作用，在于为 WTO 各成员在追求正当政策目标的监管权力与贸易自由义务的平衡提供灵活性。但由于 TBT 协议中没有这样的一般例外条款，那么违反了 TBT 协议第 2.1 条的国民待遇义务就被认定为违反了 TBT 协议，这相当于在 TBT 协议下不允许对产品进行任何区分。很显然，这种理解并不符合 TBT 协议的规定。在 TBT 协议第 2.1 条"待遇不低于"的分析中，上诉机构强调 TBT 协议的其他条款对理解该条款有重要意义。例如，TBT 协议附件 1.1 条、第 2.2 条以及序

---

[1] Appellate Body Report, *US-Tuna* Ⅱ（*Mexico*）, para. 236.

[2] TBT 协议第 2.1 条："各缔约方应保证在技术法规方面给予来自任一缔约方境内产品的待遇不低于本国生产的同类产品或来自任何其他国家的同类产品的待遇。"

[3] GATT1994 协议第 3.4 条："一缔约国领土的产品输入到另一缔约国领土时，在关于产品的国内销售、兜售、购买、运输、分配或使用的全部法令、条例和规定方面，所享受的待遇应不低于相同的国产品所享受的待遇……"

言第 2、5、6 段等条款。这些条款表明 TBT 协议第 2.1 条"待遇不低于"的要求并不是禁止对国际贸易的任何限制。[1]尤其是 TBT 协议第 2.2 条明确表明允许成员为了正当目标采取贸易限制措施，只要这些措施没有超过必要的贸易限制程度。TBT 序言第 6 段也明确承认 WTO 各成员可以采取必要的贸易措施来保护人类生命和健康等目标，只要这些措施不是武断的或者不公正的歧视。这些条款表明在 TBT 协议下的贸易自由化与 WTO 成员监管权之间的平衡关系，原则上与 GATT1994 协议并无差别。[2]不同之处在于 GATT1994 协议中的平衡体现在 GATT1994 协议第 3.4 条国民待遇义务与第 20 条一般例外中，而 TBT 协议则体现在第 2.1 条和序言中的对协议目标和宗旨的陈述中，尤其是序言第 6 段。[3]上诉机构多次强调对 TBT 协议和 GATT1994 协议要以连贯一致的方式进行解释。[4]在实践中，上诉机构通过具体案件的解释创造性地解释了 TBT 协议第 2.1 条，即如果争议措施不是法律上的歧视而是事实上的歧视时，那么即使争议措施改变了竞争条件而使进口产品处于不利地位，也不足以证明争议措施对进口产品的待遇低于国内产品，专家组还需要继续考察该不利影响是否"完全源自正当的监管区分"。[5]该解释类似于 GATT1994 协议第 20 条的一般例外条款的序言部分，其理论依据并非来自于 TBT 协议第 2.1 条本身，而是源自 TBT 协议第 2.2 条以及该协议序言部分。需要考虑的因素包括争议

[1]　Appellate Body Reports, *US-COOL*, para. 268.

[2]　Appellate Body Report, *US-Clove Cigarettes*, para. 96.

[3]　Appellate Body Report, *United States—Measures Affecting the Production and Sale of Clove Cigarettes（US-Clove Cigarettes）*, WT/DS406/AB/R, para. 109.

[4]　Appellate Body Report, *US-Clove Cigarettes*, para. 91.

[5]　Appellate Body Report, *United States—Measures Affecting the Production and Sale of Clove Cigarettes（US-Clove Cigarettes）*, WT/DS406/AB/R, paras. 180~182.

措施的起草、体例、结构以及实施等因素。

（1）TBT协议第2.1条中的平衡因素——"正当的监管区分"

在美国丁香烟案中，上诉机构在解释TBT协议第2.1条时，引入了一个全新的要求——"正当的监管区分"[1]，作为贸易自由化和各成员监管权之间的平衡因素。即在TBT协议下，如果争议措施对进口产品的竞争造成的不利影响是完全源自"正当的监管区分"，则并不视为歧视。包含TBT协议在内的WTO各个协议中都不存在"正当的监管区分"这一概念。[2]上诉机构认为这一认定需要分析争议措施的设计、体例、结构、操作和应用，尤其是该措施是不是公平公正的。[3]即如果监管区分不是以一种公平公正的方式实施，那么这种区分就不能被认定为是正当的。这一判断标准类似于GATT1994协议第20条的序言部分。"正当的监管区分"的重点在于分析监管区分是否属于正当的，即争议措施在进口产品和国内产品之间的区分是否是正当的。在美国丁香烟案中，主要是判断争议措施在丁香味香烟与薄荷味香烟之间所做的区分是否是正当的。在该案中，美国措施的主要目标是减少青少年吸烟。丁香烟和薄荷烟都包含吸引青少年的香味，为了实现政策目标，应该公平公正地对待这两种烟。禁止丁香烟销售而允许薄荷烟销售，这种差别待遇与所要实现的政策目标之间没有合理联系。上诉机构得出结论，几乎所有丁香味香烟来自印度尼西亚而薄荷味香烟则由美国生产，并且这一区分并不能实现正当政策目标。这表明对丁香味

---

〔1〕 Appellate Body Report , *US -Clove Cigarettes*, para. 174.

〔2〕 See Robert Howse, Joanna Langille, Katie Sykes, "Pluralism in Practice: Moral Legislation and the Law of the WTO after Seal Products", *George Washington International Law Review*, Vol. 48, 2015, p. 129.

〔3〕 Appellate Body Report, *US-Clove Cigarettes*, para. 182.

香烟的不利竞争影响反映了一种歧视，而不是来自于正当的监管区分。[1]在美国金枪鱼Ⅱ案中，在ETP区域捕获的金枪鱼只有满足没有使用海豚定位的方法、没有对海豚造成严重伤害的情况下才能使用"海豚安全"标签，但在ETP区域之外使用其他的捕鱼方式对海豚造成严重伤害的情况下却可以使用"海豚安全"标签。这种监管区分导致在ETP捕获的大量的墨西哥金枪鱼产品无法获得"海豚安全"标签而使其处于一种不利的竞争地位。上诉机构支持了专家组的结论，即这种监管区分没有对不同的捕鱼方法、不同区域对海豚造成的风险进行"校准"（calibrated）。即美国"海豚安全"标签措施只是充分考虑了在ETP区域使用海豚定位的方法捕获金枪鱼时对海豚造成的伤害，而对非ETP区域的其他方式捕获金枪鱼时对海豚造成的伤害没有予以考虑。[2]因此，这种区分并不是以一种公平公正的方式实施的，对墨西哥产品造成的不利竞争影响不是完全源自正当的监管区分。[3]在美国COOL案中，对牲畜按照出生、饲养以及宰杀进行区分并对牛肉和猪肉区分为四种标签。这种标签规则要求牲畜和肉类生产商必须对每一个牲畜的出生、饲养以及宰杀和每一块肉的情况进行记录，并向下一个生产环节传递相关信息和保存这些记录以便美国农业部的审核。然而，该标签制度容易引起混淆并存在大量豁免情况，从而使消费者得到的信息是比较少的。上诉机构强调生产者的保存记录与认证要求和消费者通过标签得到的信息之间是不相称的，即该措施赋予生产者的保存记录与认证要求是比较重的而消费者得到的信息是比较少的，两者之间是不成比例的。同时，肉类加工者为了

---

〔1〕　Appellate Body Report, *US-Clove Cigarettes*, paras. 224~226.

〔2〕　Appellate Body Report, *US-Tuna* Ⅱ（*Mexico*）, para. 297.

〔3〕　Appellate Body Report, *US-Tuna* Ⅱ（*Mexico*）, para. 297.

使其生产成本最低往往只使用美国本国的牲畜。[1]上诉机构因此得出结论，争议措施所造成的监管区分对进口产品造成武断的、不公正的歧视，并没有以一种公平公正的方式实施。因此，争议措施对进口产品竞争所造成的不利影响不是完全源自正当的监管区分。[2]

由上述分析可以看出，争端解决机构对 TBT 协议第 2.1 条进行了创新性的解释：为了追求正当目的的争议措施是被允许的，只要不构成武断的、不公正的歧视或对国际贸易造成必要的限制，即如果该措施是"完全源自正当的监管区分"则是被允许的。对"正当的监管区分"的解释和 GATT1994 协议第 20 条序言类似，其关注的是争议措施的实施，即争议措施所造成的监管区分对进口产品的不利影响是不是和实现合法政策目标相关。在 TBT 协议第 2.1 条中增加了"正当的监管区分"（a le-gitimate regulatory distinction）这一平衡因素。申诉方为了证明争议措施违反了 TBT 协议第 2.1 条，需要证明争议的技术法规给予进口产品的待遇低于国内或其他国家的同类产品，而被诉方为了证明其措施并没有违反该条，则需要证明对进口产品的不利影响是完全源自正当的监管区分。[3]该因素的引入将有助于在 TBT 协议下保持贸易自由化与 WTO 成员监管权之间的平衡关系，也有助于实现对 TBT 协议与 GATT1994 协议以连贯一致的方式进行解释。

（2）"正当的监管区分"、"公平公正"以及"武断的、不公正的歧视"之间的关系

专家组和上诉机构在分析 TBT 协议第 2.1 条"正当的监管

---

[1] Appellate Body Report, *US-COOL*, para. 345.

[2] Appellate Body Report, *US-COOL*, paras. 349~350.

[3] Appellate Body Report, *US-COOL*, para. 216.

区分"时，多次提及"公平公正""武断的、不公正的歧视"。
这三者之间到底是什么关系，需要进一步明确。在美国 COOL
案中，上诉机构认为导致不利影响的监管区分如果是以公平公
正的方式来设计和运行的，那么就可能被认为属于 TBT 协议第
2.1 条的"正当的监管区分"。[1]"公平公正"并不是评估 TBT
协议第 2.1 条"正当的监管区分"的单独的判断标准，而是判
断不利影响是否完全源自正当的监管区分的核心概念。[2]同时，
这一判断必须考虑争议的技术法规是否在相同的国家之间以武
断的或不公正歧视的方式实施或造成变相的贸易限制。[3]在欧
盟海豹案中上诉机构认为，评估是否构成武断的或不公正的歧
视的一个重要因素是歧视是否与争议措施的目标相协调或与之
有关，争议措施的目标由于属于 GATT1994 协议第 20 条某个具
体例外而获得临时的正当性。[4]因此，在考虑 TBT 协议第 2.1
条"待遇不低于"义务时，也应该考虑对进口产品的不利影响
是否与措施目标相协调或与之有关，包括争议措施的要求与追
求目标之间是否是不成比例的审查。[5]但是否存在武断的或不
公正的歧视只是判断进口产品的不利影响是否属于完全源自正
当的监管区分的一种方法。[6]

　　总之，判断进口产品的不利影响是否完全源自"正当的监
管区分"需要借助"公平公正"这一核心概念来判断；判断争

---

　　[1]　Appellate Body Reports, *US-COOL* (*Article* 21.5-*Canada and Mexico*), paras. 5, 92.

　　[2]　Appellate Body Report, *US-Clove Cigarettes*, para. 215.

　　[3]　Appellate Body Report, *US-Clove Cigarettes*, para. 94.

　　[4]　Appellate Body Report, *European Communities-Measures Prohibiting the Importation and Marketing of Seal Products* (*EC-Seal Products*), WT/DS400/AB/R, paras. 5, 306.

　　[5]　Appellate Body Reports, *US-COOL*, para. 347.

　　[6]　Appellate Body Reports, *US-COOL*, para. 271.

议措施的实施是否属于"公平公正"时，需要考虑该措施是否在条件相同的国家之间构成"武断的或不公正的歧视"。如果构成了"武断的或不公正的歧视"，则不属于"公平公正"的方式，也不能得出对进口产品的不利影响完全源自"正当的监管区分"的结论。同时，是否存在"武断的或不公正歧视"只是判断进口产品的不利影响是否完全源自"正当的监管区分"的一种方法，而不是唯一方法。至于其他方法是什么并没有进一步明确。

4. TBT 协议第2.1条在消费者知情权保护方面存在的问题

（1）TBT 协议下的非歧视性待遇义务的审查过于严苛

从以上分析可以看出，上诉机构对"待遇低于"采取了从严解决的方法。例如，在确定不利影响到底是食品标签措施本身造成的还是私人选择的结果时，构成技术法规的食品标签措施都是由政府规定了标签条件，并保证标签正常运行。这样的标签措施常常被认定为是标签措施本身导致了进口产品处于不利地位，即使消费者选择在其中发挥重大作用，也无法改变政府干预的事实。

（2）专家组和上诉机构并没有对"正当的监管区分"的判断标准做出连贯一致的解释

在实践中通过专家组和上诉机构的具体解释，通过在 TBT 协议第2.1条中引入"正当的监管区分"这一因素，使 TBT 协议与 GATT1994 协议在非歧视待遇义务之间的差距缩小了。从这几个引用"正当的监管区分"的案件来看，专家组对上诉机构对该抽象概念的分析都非常简单，但都提及了"公平公正"（even-handed）的概念。如何判定"正当的监管区分"及其与"公平公正"之间到底是什么关系并不明确。特别是在美国COOL 案中表现得更为突出，"申诉方需要证明争议措施对进口产品的待遇低于国内的同类产品。如果申诉方满足了初步证据的要求，那么被诉方就必须予以反驳。例如，如果申诉方提供证据表明争议措施的设计或其实施方式构成对进口产品武断的、不公正的歧视，这不是一种公平公正的方式，这预示着争议措施不符合 TBT 协议第 2.1 条。如果被诉方能够证明这种不利影响完全源自正当的监管区分，则表明该措施并不违反 TBT 协议第 2.1 条。"[1]这段话包含了两层含义，一是申诉方应该提供证据证明争议措施不是公平公正的以满足争议措施不符合 TBT 协议第 2.1 条的初步证据；二是被诉方需要证明不利影响完全源自正当的监管区分。在分析"完全源自正当的监管区分"时，需要被诉方证明争议措施是以一种公平公正的方式实施。在这一论述中，无法明确"正当的监管区分"与"公平公正的方式"之间到底是什么关系。同时，上诉机构强调是否存在武断的或不公正的歧视并不是判断争议措施是否缺乏公平公正的唯一方法，其他情况下也可能导致专家组作出争议措施的实施方式不是公平公正的裁决。这需要考虑争议案件的所有相关因素，进而判断争议措施是否是公平公正的，而不仅仅是考虑武断的或不公正的歧视这一种情况。这在一定程度上可以使专家组根据案件的具体情况做出灵活的判断，但同时由于缺乏相关判断标准可能造成专家组的自由裁量权过大，从而使未来的案件缺乏可预期性。

综上，"完全源自正当的监管区分"这一标准在实践中的可行性值得关注：如何解释"不利影响"完全来自于"正当的监管区分"？证明争议措施所造成的不利影响"完全"源自正当的监管区分存在很大的困难。尽管上诉机构列出了需要考虑的因

---

〔1〕 Appellate Body Reports, *US-COOL*, para. 272.

素：争议措施的设计、体例、结构以及实施等，但在实践中应该如何具体适用还存在不确定性。需要后续案件具体说明这些因素如何能够证明不利影响完全源自正当的监管区分。迄今为止，并没有一个案例的被诉方成功援引该例外。

（3）TBT协议第2.1条"正当的监管区分"与TBT协议第2.2条的关系不明确

在美国COOL案中对"正当的监管区分"的分析重点放在争议措施的必要性上。即赋予上游生产者的义务过重，而消费者得到的信息却很少。上诉机构从这种"不成比例"中推出COOL措施不是公平公正的，进而推出该措施构成武断的、不合理的歧视，并最终得出美国COOL措施对竞争造成的不利影响不是"完全源自正当的监管区分"。这里的"不成比例"似乎与是否歧视的关系不大，而更与不必要的贸易障碍有关。在这种情况下，如何区分TBT协议第2.1条与第2.2条的义务？但在TBT协议第2.2条的分析中，上诉机构却得出了争议措施并没有超过必要的贸易限制程度。那么，如何协调TBT协议第2.1条和第2.2条的"必要性"要求呢？这些问题需要在今后的案件中进一步明确，以增加其可预期性。

同时，TBT协议第2.1条与第2.2条属于并列关系，争议措施需要同时满足这两条的规定。在判断是否违反TBT协议第2.2条的义务时，在没有合理替代措施能够达到同等的保护目标时，考虑到目标不能实现所可能产生风险的情况下，专家组认为这种情况下的争议措施没有超过必要的贸易限制程度，即该争议措施并没有违反TBT协议第2.2条。但该措施仍然可能违反第2.1条的国民待遇要求。涉及TBT协议第2.1条、第2.2条的所有案例的上诉机构都裁定争议措施违反了TBT协议第2.1条，但没有违反第2.2条。例如，美国丁香烟案、美国金枪鱼Ⅱ案以及美国 COOL 案。这些案件的执行在理论上讲存在如下困难：一是完全废除争议措施，而导致追求的正当目标无法实现；二是修改争议措施使其符合 TBT 协议的规定，由于争议措施符合 TBT 协议第 2.2 条的规定，即不存在达到同等保护水平的替代措施。也就是说，无法找到不违反非歧视性待遇的贸易限制更少的替代措施。[1]

4.2.4 TBT 协议第 2.2 条与消费者知情权保护的食品标签措施

TBT 协议第 2.2 条的主要目的是在贸易自由与 WTO 成员监管权之间求得平衡。一方面允许 WTO 成员采取措施追求其合法目标，另一方面又将措施的贸易限制程度限定在实现合法目标的必要限度之内。这在一定程度上缓解了自由贸易与 WTO 各成员社会监管权之间的紧张关系。TBT 协议第 2.2 条包括四个要素：合法目标、实现目标、不得超过必要的贸易限制、考虑目标不能实现所产生的风险。

1. 争议措施追求目标的确定

TBT 协议第 2.2 条适用的第一步是判断争议措施的目标，这一判断直接影响后续各部分的分析。申诉方和被诉方往往对争议措施的目标存在较大争议。专家组在确认争议措施所追求的目标时，应该考虑成员通过该措施所陈述的目标，但专家组不受该成员所描述目标的限制。为了客观、独立地评估成员所要达到的目标，专家组必须考虑所有的相关证据，包括技术法规的法律文本、立法历史及其结构、运作等证据。[2]在 WTO 的

---

〔1〕　参见杨淑君："浅谈 TBT 国民待遇原则——美国丁香烟案解析"，载《世界贸易组织与动态（上海对外贸易学院学报）》2013 年第 4 期。

〔2〕　Appellate Body Report, *US-Tuna* Ⅱ（*Mexico*）, para. 314 .

争端解决实践中，实施措施成员对该措施目标的描述往往会得到很大程度的尊重。例如，在美国 COOL 案中，美国认为 COOL 措施的目标是向消费者提供原产地信息，而加拿大则认为实施 COOL 措施的目标是贸易保护。专家组和上诉机构最终认定美国 COOL 措施的目标是向消费者提供信息。在美国丁香烟案和美国金枪鱼 Ⅱ 案中，专家组和上诉机构同样认可了美国对其措施目标的描述。因此，以消费者知情权为目的的食品标签措施的目的是向消费者提供信息，比较容易得到专家组的认可。

2. 消费者知情权是否属于"合法目标"

在确定了争议措施的目标之后，需要进一步分析该目标是否合法。"合法目标"是指目标是合法的、正当的或适当的。[1]TBT 协议第 2.2 条明确列举了属于"合法目标"的情况，其使用的"尤其包括"的表述表明 TBT 协议第 2.2 条对合法目标的列举不是穷尽式的。[2]美国金枪鱼 Ⅱ 案、美国 COOL 案、美国丁香烟案以及欧盟海豹产品案都涉及技术法规的目标是否属于合法目标的问题。尽管专家组和上诉机构都认为 TBT 协议第 2.2 条所列举的合法目标是非穷尽式的，这表明更大范围的目标可能属于该条的合法目标，但都没有进一步明确合法目标的外延及其判定标准。技术法规所追求的目标是否属于合法目标，要根据案件的具体情况来判断。如果技术法规所追求的目标属于 TBT 协议第 2.2 条所明确列举的范围则属于合法目标，并不需要进一步的分析。但如果技术法规所追求的目标不在该条所列举的范围内，专家组则必须进一步决定该目标是否属于 TBT 协议第 2.2 条的合法目标。专家组在确定目标合法性时必须考虑所有呈现在其面前的证据，包括法规的内容、立法历史以及和法规、

---

〔1〕 Appellate Body Report, *US-Tuna* Ⅱ (*Mexico*), para. 313.
〔2〕 Appellate Body Report, *EC-Sardines*, para. 286.

运行相关的其他证据。[1]同时，TBT协议第2.2条所明确列举的目标、TBT协议序言第6款、第7款以及其他协议所规定的目标，可以为确定目标是否"合法"提供参考。[2]

在欧共体沙丁鱼案中，欧共体将消费者保护作为其措施的追求目标之一，[3]即向消费者提供准确的与产品相称的名称，使消费者相信其购买的产品就是其想要购买的产品，而不是替代品或仿冒品。[4]专家组表示根据TBT序言第6段的规定应该要对各成员想要追求的国内政策目标赋予一定程度的尊重。[5]同时，专家组有义务去判断这些目标是否属于TBT协议所规定的合法目标。但由于秘鲁承认欧共体所追求目标的合法性，专家组没有理由不同意双方对这一问题的评估。[6]因此，在欧共体沙丁鱼案中，专家组并没有对消费者保护能否成为TBT协议第2.2条、第2.4条的合法目标进行分析。

在美国金枪鱼Ⅱ案中，上诉机构认为在确定一个不在TBT协议第2.2条明确列举范围的目标是否属于合法目标时，考虑TBT协议第2.2条所明确列举的目标对专家组是有帮助的，因为这些明确列举的目标为考虑其他目标是否属于"合法目标"提供例证和参考。[7]因此，一项目标与TBT协议第2.2条所列举的目标有联系将更有可能被认为是合法目标。同时，上诉机构在美国金枪鱼Ⅱ案中指出，TBT序言中和其他WTO协议所提

---

〔1〕　Appellate Body Report, *US-Tuna* Ⅱ (*Mexico*), para314.

〔2〕　Appellate Body Report, *US-Tuna* Ⅱ (*Mexico*), para. 313.

〔3〕　本案中，欧共体追求三个目标：消费者保护、市场透明度、公平竞争。

〔4〕　Panel Report, *EC-Sardines*, para. 7. 123.

〔5〕　Panel Report, *EC-Sardines*, para. 7. 120.

〔6〕　Panel Report, *EC-Sardines*, para. 7. 122.

〔7〕　Appellate Body Report, *US-Tuna* Ⅱ (*Mexico*), para. 313.

及的目标也可以为专家组做出决定提供指导或有用信息。[1]在本案中,将向消费者提供信息与更广泛的防止欺诈目标相联,由于防止欺诈本身就是 TBT 协议第 2.2 条所明确列举的目标。所以,比较容易认定"海豚安全"标签措施所追求的目标属于合法目标。

在美国 COOL 案中,加拿大提出向消费者提供信息如果是为了消费者健康、安全就可以成为 TBT 协议第 2.2 条的合法目标,但向消费者提供信息也可能构成"非法"的目标。除非美国能够证明向消费者提供这些信息的重要性或为什么消费者需要这些信息,否则,向消费者提供信息就不是 TBT 协议第 2.2 条的合法目标。[2]而美国认为,向消费者提供原产地信息可以帮助消费者做出知情选择并防止消费者混淆,而且消费者强烈需要这些信息。[3]最后,美国提交的关于美国消费者偏好的证据和相当比例的 WTO 成员的实践表明,消费者对其购买产品的原产地有普遍的兴趣。[4]专家组则认为缺乏消费者需要特定信息的独立证据,并不能证明该目标是不合法的。[5]WTO 成员在追求其政策目标时享有一定的政策空间,即使缺少特定的需求也可以采取一定的规则,只要这样做不是通过规则干预来塑造消费者预期。[6]同时,对政府追求的目标是否合法的判断不能在真空中进行,必须在我们生活的世界里判断,必须给予社会规范足够的考虑。在此基础上,专家组得出美国 COOL 措施向消费者提供信息的目标属于合法目标的结论。上诉机构认为,

〔1〕 Appellate Body Report, *US-Tuna* Ⅱ (*Mexico*), para. 313.

〔2〕 Panel Reports, *US-COOL*, para. 7. 641.

〔3〕 Panel Reports, *US-COOL*, paras. 7. 642, 7. 645.

〔4〕 Panel Report, *US-COOL*, para. 7. 650.

〔5〕 Panel Report *US-COOL*, para. 7. 647.

〔6〕 Panel Report, *US-COOL*, para. 7. 649.

向消费者提供原产地信息和防止欺诈行为相联系，这与消费者
保护目标相关。提供准确、可靠的信息可以保护消费者不被误
导、误解。[1]但上诉机构并不清楚专家组为什么能够得出美国
消费者对产品原产地普遍感兴趣的结论，[2]以及其他 WTO 成员
的实践和"社会规范"之间的关系及它们在分析目标是否合法
过程中的作用。但上诉机构认为这些模糊可能有损专家组整体
分析的清楚性，但并没有使专家组的最终结论受损。

消费者知情权是一个高度抽象的术语。就具体案件而言，
需要具体分析赋予消费者特定信息的知情权是否构成 TBT 协议
第 2.2 条的"合法目标"。例如，在美国 COOL 案中，美国通过
COOL 措施赋予了消费者肉类原产地信息方面的知情权；在美国
金枪鱼Ⅱ案中，美国通过"海豚安全"标签赋予了消费者关于
金枪鱼产品是否来源于以危害海豚的方式捕获的金枪鱼方面的
知情权。这两个案件都对这两种情况下的消费者知情权是否属
于"合法目标"进行分析。尽管专家组和上诉机构都认为 TBT
协议第 2.2 条合法目标的列举是非穷尽性的，但并没有进一步
明确合法目标的外延和合法目标判定的标准，该条款是开放性
的条款。从一般意义上看向消费者提供信息目标可能构成合法
目标，但就具体某一项食品标签措施而言，向消费者提供特定
信息的目标能否成为合法目标需要结合具体案件的具体情况来
判断。美国金枪鱼Ⅱ案和美国 COOL 案只是提供了一些参考因
素：一是与明确列举的目标有联系；二是 TBT 序言第 5 段、第 6
段以及其他 WTO 协议的目标；三是做出是否合法的判断不能在
真空中判断，需要考虑我们生活的世界，需要给予社会规范足
够的考虑。由于各国消费者对食品信息的需求不同，例如，不

---

〔1〕　Appellate BodyReport, *US-COOL*, para. 451.

〔2〕　Appellate Body Report, *US-COOL*, para. 450.

同的偏好、社会价值以及对风险的容忍程度等因素都可能影响到消费者对食品的信息需求。因此，由于缺乏明确的判定标准，会给未来的涉及消费者知情权的案件带来不确定性。

3. 争议措施是否超过必要的贸易限制程度

在做出争议的食品标签措施追求的向消费者提供信息构成TBT协议的"合法目标"的决议之后，专家组和上诉机构需要进一步分析：该标签措施是否超过了实现这些目标的必要限制以及更少贸易限制措施能否实现这一目标。TBT协议第2.2条表明，准备、采用或实施技术法规以实现合法目标可能会对贸易造成一定的限制，必需的贸易限制是正当的。但是如果贸易限制超过了实现合法目标所必需的限度，则该措施就无法获得正当性。[1]超过必要贸易限制的判断前提是需要确定必要的贸易限制，这一点比较容易认定。但直接确定超过必要的贸易限制存在较大的困难，一般而言，如果存在一个实现合法目标的更少贸易限制的措施，就可以得出结论：争议措施超过了必要的限度，违反TBT协议第2.2条。[2]因此，在评估争议措施是否超过TBT协议第2.2条所要求的必要贸易限制程度时，专家组需要考虑包括：措施所产生的贸易限制、措施对合法目标的实现程度、是否存在贸易限制程度更小的替代措施。[3]

(1) 争议措施所产生的贸易限制

贸易限制是指争议措施对贸易所产生的限制影响。TBT协议第2.2条并不是禁止任何贸易限制影响，而是不得对贸易造成"不必要的"限制，一定程度的贸易限制是允许的，即该条

---

〔1〕 Panel Report, *US-Tuna* Ⅱ (*Mexico*), para. 7. 454.

〔2〕 Panel Report, *US-Tuna* Ⅱ (*Mexico*), para. 7. 456.

〔3〕 Panel Report, *EC-Seal Products*, para. 7. 422.

所关注的是超过实现合法目标所必要的贸易限制。[1]

（2）争议措施对合法目标的实现程度

技术法规能否实现合法目标与技术法规对合法目标实现的贡献程度相关，[2]可以通过技术法规的设计、结构和操作以及和该措施运行有关的证据来加以判断。专家组的任务是通过争议措施的设计、结构以及操作和措施如何实施的证据来评估争议措施对合法目标的贡献程度。[3]即专家组应该评估争议措施对目标实现的实际贡献程度，而不是该措施应该达到的贡献程度或者是否完全实现亦或达到某种程度的实现。[4]在美国 COOL案当中，专家组认为 COOL 措施无法实现向消费者提供信息的目标，尤其是来源于多个国家的产品，因为食品标签上只写 X、Y、Z 等国家名称，消费者并不能知道动物在哪个国家出生、饲养、屠宰等信息，只是知道产品和这几个国家相关。因此，没有必要去评估"贸易限制是否超过实现目标所必需的程度"[5]，专家组针对实现程度的裁定是直截了当的一锤定音实现还是没有实现。做出这个结论以后，专家组利用司法经济原则，没有继续分析措施的"必要性"构成要件。专家组认为 COOL 措施的实现程度，要么提供 100% 准确和清楚的信息，要么达到或超过最低门槛。但上诉机构强调这里的"实现"与贡献程度有关，而不是完全实现或者某种最低程度的实现。虽然美国的措施只是部分实现了合法目标，但该措施确实在一定程度上实现了目标。[6]专家组对争议措施是否实现目标的评估主要针对措施对

〔1〕　Appellate Body Report, *US-Tuna* Ⅱ（*Mexico*）, para. 319.

〔2〕　Appellate Body Report, *US-Tuna* Ⅱ（*Mexico*）, para. 315.

〔3〕　Appellate Body Report, *US-Tune* Ⅱ（*Mexico*）, para. 317.

〔4〕　Appellate Body Report, *US-COOL*, para. 468.

〔5〕　Appellate Body Report, *US-Tuna* Ⅱ（*Mexico*）, para. 317.

〔6〕　Appellate Body Report, *US-Tuna* Ⅱ（*Mexico*）, para. 341.

目标的实际贡献。专家组的评估应该集中于确定措施的贡献程度，而不是争议措施是否完全实现了目标或者是最低程度的实现。因而上诉机构推翻了专家组关于 COOL 措施没有实现其目的的裁定。[1]在美国金枪鱼Ⅱ案中，实际上分析了实现目标的程度，这个区域保护海豚怎么样，那个区域怎么样。专家组进而认为，争议措施部分实现了合法目标。[2]

（3）是否存在贸易限制更少的替代措施

争议措施不符合 TBT 协议第 2.2 条的举证责任归申诉方，为了证明争议措施与 TBT 协议第 2.2 条不符，申诉方需要证明争议措施对国际贸易产生了不必要的贸易障碍。为了获得初步证据，申诉方必须有充足的证据证明争议措施超过了实现合法目标的限制程度，考虑到目标不能实现所产生的风险。由于直接证明贸易限制程度面临诸多困难，在大多数案件中，申诉方往往会提出替代措施，这就需要在可替代措施与争议措施之间进行比较。这种比较需要考虑以下因素：替代措施的贸易限制程度是否更小、对实现目标是否具有相同的贡献程度、考虑目标能否实现所产生的风险、替代措施是否可以合理获得。[3]而后被诉方就需要提供证据表明争议措施并没有超过必要的贸易限制程度，例如，替代措施不能合理获得、贸易限制程度并不是更小、对实现目的不具有相同的贡献程度等。[4]上诉机构认为，这种与替代措施的比较是确定争议措施是否超过了必要的贸易限制程度的概念工具。[5]同时，在解释更少贸易限制措施时需要在自由贸易下的生产者利益与政府通过措施所实现的合

〔1〕 Appellate Body Report, *US-Tuna* Ⅱ (*Mexico*), para. 468.

〔2〕 Panel Report, *US-Tuna* Ⅱ (*Mexico*), para. 7. 599.

〔3〕 Appellate Body Report, *US-Tuna* Ⅱ (*Mexico*), para. 322.

〔4〕 Appellate Body Report, *US-Tuna* Ⅱ (*Mexico*), para. 323.

〔5〕 Appellate Body Report, *US-Tuna* Ⅱ (*Mexico*), para. 320.

法目标（比如，消费者保护目标）之间求得平衡。

由上可以看出，申诉方证明争议措施不符合 TBT 协议第 2.2 条存在较大困难。其一，与 GATT1994 协议第 20 条不同，争议措施不符合 TBT 协议第 2.2 条的举证责任归申诉方。在 GATT1994 协议下则是"有罪推定"原则，即只要违反了 GATT1994 协议规定的最惠国待遇、国民待遇等义务时，就推定争议措施违反了 GATT1994 协议，除非被诉方能够利用 GATT 协议第 20 条的一般例外条款证明其正当性。而 TBT 协议第 2.2 条的举证责任由申诉方承担，需要申诉方从以下两个方面举证：一是争议措施的目标不属于合法目标；二是争议措施超过了实现合法目标的必要程度。申诉方的举证责任无疑是非常重的，特别是证明争议措施的目标是不合法的。其二，针对争议措施对合法目标的实现程度要求是比较低的，不要求完全实现也不要求实现必须达到某种最低程度，只要措施对目标实现有贡献即可。也就是说，即使争议措施对实现合法目标的贡献很小，也比没有强。其三，要求替代措施完全达到争议措施对合法目标的实现程度也面临诸多困难。因此，争议措施往往被认定符合 TBT 协议第 2.2 条。在涉及 TBT 协议第 2.2 条的几个案例中，像美国丁香烟案、美国 COOL 案以及美国金枪鱼 II 案的上诉报告以及欧盟海豹产品案的专家组报告都裁定争议措施没有违反 TBT 协议第 2.2 条。这在一定程度上说明了，上诉机构并不愿意利用 TBT 协议第 2.2 条来否定 WTO 成员的监管目标，除非申诉方能够提供贸易限制程度更小、能够同等程度实现合法目标的替代措施，并且这种替代措施是合理可获得的。

4. TBT 协议第 2.2 条在消费者知情权保护方面存在的问题

在美国 COOL 案中，专家组和上诉机构给予各成员在消费者知情权保护方面较大的监管空间。例如，是否赋予消费者知

情权以及赋予何种程度的保护需要根据采取措施成员的具体情
况来判断，其他国家是否采取并不是必须考虑的情况。赋予消
费者何种知情权会随着时间、空间的变化而变化，并不存在客
观的、永恒的、单一的标准。但本案并没有进一步分析，向消
费者提供的信息构成合法目标需要具备的条件。消费者知情权
是高度抽象的概念，就具体案件而言，需要具体分析赋予消费
者何种信息的知情权。例如，在美国 COOL 案中，美国通过
COOL 措施赋予了消费者肉类原产地信息方面的知情权；在美国
金枪鱼 II 案，美国通过"海豚安全"标签确保消费者在关于金
枪鱼是否以对海豚不利的捕捞方式捕获这一事实上不受误导和
欺骗。上诉机构在美国 COOL 案中指出，在确定争议措施所追
求的目标是否属于合法目标时，专家组应该根据争议措施的设
计、体例、结构、立法历史以及运行等具体情况为依据做出独
立、客观的评估。[1]如果争议措施的目标属于 TBT 协议第 2.2
条所明确列举的目标，则该目标就属于合法目标。[2]如果争议
措施的目标不属于 TBT 协议第 2.2 条所明确列举的目标，就需
要进一步判断该目标是否属于合法目标。尽管向消费者提供原
产地信息并不属于 TBT 协议第 2.2 条所明确列举的合法目标，
但该目标与 GATT1994 协议第 20 条（d）款和 TBT 协议第 2.2
条所列举的防止欺诈目标相联系。因此，向消费者提供原产地
信息属于 TBT 协议第 2.2 条所规定的合法目标。那么，是不是
向消费者提供的任何信息都和防止欺诈的目标相联系呢？上诉
机构并没有对此进行具体分析。

---

〔1〕 Appellate Body Report, *US-COOL*, para. 395.

〔2〕 Appellate Body Report, *US-COOL*, paras. 370~372.

4.2.5 TBT 协议与 GATT1994 协议同时适用存在的问题

由上一章分析得知，以消费者知情权为目的的食品标签措施主要涉及 GATT1994 协议和 TBT 协议，GATT1994 协议与 TBT 协议条款发生冲突时，TBT 协议条款的效力优先；当争议措施符合 TBT 协议时，并不当然满足 GATT1994 协议的规定。

1. TBT 协议第 2.1 条、2.2 条与 GATT1994 协议第 1.1 条、3.4 条及第 20 条的关系

食品标签措施主要涉及 TBT 协议第 2.1 条的非歧视待遇义务和第 2.2 条的不得超过实现合法目标的必要贸易限制程度义务。这些条款的要求和 GATT1994 协议的有关条款非常相似，例如，GATT1994 协议的第 1.1 条最惠国待遇义务、第 3.4 条的国民待遇义务和第 20 条允许实现特定政策目标的一般例外条款。但 GATT1994 协议与 TBT 协议的相关条款并不是以同样的方式组织，GATT 协议第 20 条一般例外条款为各成员追求合法政策目标与履行贸易自由化义务之间的平衡提供了一定的政策空间，而 TBT 协议并不包括类似于 GATT1994 协议第 20 条的一般例外条款。如果 TBT 协议第 2.1 条"同类产品""待遇低于"的含义与 GATT1994 协议第 1.1 条、第 3.4 条中的含义完全相同的话，由于技术法规往往是根据产品的特征而对产品进行区别管理，很容易被认定为违反了 TBT 协议第 2.1 条。但在 GATT1994 协议中因为第 20 条一般例外条款的存在，这些技术法规有可能因为满足一般例外条款而获得正当性。很显然，这样的理解并不符合条约缔结者的意图。如何解决这一问题，主要有两种观点：一是将 GATT1994 协议第 20 条作为马拉喀什协议的整体例外条款；二是在解释 TBT 协议第 2.1 条"待遇低于"时考虑 GATT 协议第 20 条的灵活性。因此，GATT1994 协议第 20 条只适用于 GATT1994 协议和明确规定

GATT1994 协议第 20 条适用的 WTO 协议。

为了以统一连贯的方式解释 GATT1994 协议与 TBT 协议，专家组和上诉机构对 TBT 协议第 2.1 条进行了创造性的解释。这在一定程度上为各成员追求合法目标提供了一定的政策空间。[1]上诉机构在美国丁香烟案中对 TBT 协议第 2.1 条的解释，引入了"正当的监管区分"的概念。即只有对竞争关系的不利影响并不足以满足 TBT 协议第 2.1 条的"待遇低于"的认定，[2]专家组必须进一步分析这种不利影响是否完全源自正当的监管区分而不是反映对进口产品的歧视……。[3]这种两层次分析法避免了对 TBT 协议第 2.1 条过分严格的解释，符合以一致、连贯的方式解释 GATT1994 协议与 TBT 协议的要求。上诉机构多次强调对 TBT 协议和 GATT1994 协议要以连贯一致的方式进行解释，TBT 协议下的贸易自由化与 WTO 成员监管权之间的平衡关系，原则上与 GATT1994 协议并无差别。但这里隐含着一个问题：TBT 协议第 2.2 条的"合法目标"与 TBT 协议第 2.1 条"正当的监管区分"所考虑的目标范围并不局限于 GATT1994 协议第 20 条的十项具体例外。例如，向消费者提供信息可以属于 TBT 协议的合法目标却不属于 GATT1994 协议第 20 条的范围。

2. 能否适用司法经济原则

TBT 协议第 2.1 条与 GATT1994 协议第 3.4 条都涉及国民待遇义务，那么在具体的争端解决中能否适用司法经济原则而只对其一进行分析呢？WTO 争端解决实践中的做法并不一致。

---

〔1〕 See Gabrielle Marceau, "The New TBT Jurisprudence in US-Clove Cigarettes, WTO US-TUNA Ⅱ, and US-COOL", *Asian Journal of WTO and International Health Law and Policy*, Vol. 8, 2013, p. 4.

〔2〕 Appellate Body Report, *US-Clove Cigarettes*, para. 182.

〔3〕 Appellate Body Report, *US -Clove Cigarettes*, para. 182.

（1）WTO 争端解决实践的做法不统一

在 TBT 协议与 GATT 协议同时适用于国民待遇义务时存在以下问题：在完成 TBT 协议第 2.1 条的分析后，是否还需要进行 GATT1994 协议第 3.4 条的分析？即能否适用司法经济原则而不对 GATT1994 协议第 3.4 条进行分析，具体的争端解决实践的做法也不统一。在美国丁香烟案、美国金枪鱼 II 案、美国 COOL 案中，专家组都以 GATT1994 协议第 3.4 条与 TBT 协议第 2.1 条之间的紧密联系为由而适用司法经济原则，没有对 GATT1994 协议第 3.4 条进行分析，但各案的上诉机构对此的态度并不相同。

在美国 COOL 案中，加拿大、墨西哥两国提出了有条件上诉，如果上诉机构推翻了专家组关于争议措施不符合 TBT 协议第 2.1 条的裁定，那么就可以针对争议措施是否符合 GATT1994 协议第 3.4 条义务提起上诉。最终，上诉机构支持了专家组关于争议措施不符合 TBT 协议第 2.1 条的裁定，上诉机构没有对 GATT1994 协议第 3.4 条进行分析。[1]在美国丁香烟案中，由于并没有针对 GATT1994 协议提起上诉，上诉机构也没有对此进行分析。在美国金枪鱼 II 案中，上诉机构明确表示一项符合 TBT 协议的措施不能自动认定也符合 GATT1994 协议。专家组在分析了争议措施违反了 TBT 协议第 2.1 条后，利用司法经济原则，没有进一步在 GATT1994 协议下分析该措施。上诉机构认为这是错误地利用了司法经济原则。"专家组利用司法经济的前提假设是 TBT 协议第 2.1 条与 GATT1994 协议第 1.1 条、第 3.4 条在本质上是相同的。在我们看来，这个假设是不对的，这些条款的内容和范围都是不同的。"[2]由以上分析，我们似乎可以得出如下结论：如果专家组得出争议措施不符合 TBT 协议第 2.1 条的

---

〔1〕　Appellate Body Report, *US-COOL*, paras. 492~493.

〔2〕　Appellate Body Report, *US -Tuna* II （*Mexico*）, para. 405.

裁定，根据司法经济原则可以不再对 GATT1994 协议第 3.4 条进行分析。如果得出争议措施没有违反 TBT 协议第 2.1 条的规定，则必须继续进行 GATT1994 协议第 3.4 条的分析。这主要是因为 GATT1994 协议与 TBT 协议的关系和 GATT1994 协议与 SPS 协议的关系不同，一项符合 SPS 协议的措施被认为自动符合 GATT1994 协议。[1]TBT 协议中并没有类似的条款，因此，满足了 TBT 协议的措施并不能自动认定符合 GATT1994 协议的措施。但后续案件又推翻了这一做法，在欧盟海豹产品案中，专家组在得出争议措施不符合 TBT 协议第 2.1 条的结论后，又进一步分析了 GATT1994 协议第 1.1 条、第 3.4 条以及第 20 条。其理由是 TBT 协议第 2.1 条非歧视性的法律标准并不能同样适用于 GATT1994 协议的第 1.1 条、第 3.4 条。[2]

由上可以看出，在分析 TBT 协议第 2.1 条和 GATT1994 协议第 3.4 条时能否适用司法经济原则，WTO 争端实践的做法并不相同。有的案件允许适用而有的案件则没有适用。同意适用司法经济原则主要基于以下理由：不管是 GATT1994 协议还是 TBT 协议，都是在贸易自由和成员的监管权之间求得平衡，两者在原则上并没有区别。GATT1994 协议主要是通过其第 3.4 条的国民待遇与第 20 条一般例外条款来达到这种平衡的目标，而 TBT 协议主要依靠其第 2.1 条来实现这一平衡。[3]TBT 协议第 2.1 条的"待遇不低于"的要求和 GATT1994 协议第 3.4 条所要求的"待遇不低于"是紧密联系的。所以，根据 TBT 协议第 2.1 条进行分析之后，就没有必要再去分析 GATT1994 协议第

---

〔1〕 SPS 协议第 2.4 条明确规定，没有违反 SPS 协议的措施被推定为符合 GATT 协议。

〔2〕 Penal Report, *EC-Seal Products*, para. 7. 586.

〔3〕 Appellate Body Report, *US -Clove Cigarettes*, para. 109.

3.4 条的义务。不同意适用司法经济原则的理由是 GATT1994 协议第 3.4 条所要求的"待遇不低于"和 TBT 协议第 2.1 条"待遇不低于"的要求是不同的。TBT 协议第 2.1 条的分析分为两步：一是争议措施是否修改了相关市场的竞争条件而对进口产品造成不利影响；二是这种不利影响是否完全源自正当的监管区分。而 GATT1994 协议第 3.4 条只需分析第一步即可。因此，不能适用司法经济原则。

（2）两协议同时适用可能产生的问题

由于新近的欧盟海豹产品案、美国金枪鱼Ⅱ案和美国 COOL 案的专家组报告和上诉报告都认为 TBT 协议第 2.1 条与 GATT1994 协议第 3.4 条并不相同，在得出争议措施不符合 TBT 协议第 2.1 条的基础上，需要进一步分析争议措施在 GATT1994 协议第 3.4 条及第 20 条中的义务。这一趋势表明，TBT 协议与 GATT1994 协议同时适用的情况下，并不能利用司法经济原则只对 TBT 协议进行分析，应该对两个协议都进行分析。

以消费者知情权为目的的食品标签措施都会涉及 GATT1994 协议与 TBT 协议同时适用的问题。如果不能根据司法经济原则，对两个协议同时进行分析的话，可能存在一系列问题。首先，由于 TBT 协议第 2.2 条的合法目标是非穷尽性列举，这表明一些不属于明确列举范围的目标可能成为技术法规所追求的合法目标。例如，消费者知情权可能成为合法目标，美国 COOL 案的专家组报告和上诉报告都肯定了这一点。但 GATT1994 协议第 20 条的十种具体例外则属于穷尽式列举，而消费者知情权并不在明确列举的范围。如果消费者知情权不能成为 GATT1994 协议第 20 条的例外情况，就存在这样一种可能性：符合 TBT 协议的措施却违反了 GATT1994 协议，这一结果与 TBT 协议和 GATT1994 协议之间的紧密关系不符。TBT 协议序言第 2 段"期望进一步实现 GATT1994 协议的各项目标"的表述，表明了两协议之间的紧密关系。在实践中，专家组和上诉机构也多次表示要以连贯一致的方式解释 GATT1994 协议与 TBT 协议的相关条款。要想解决这一问题，需要具体分析消费者知情权保护如何能够成为 GATT1994 协议第 20 条的例外范畴。其次，上诉机构在解释 TBT 协议第 2.1 条时，采取了与 GATT1994 协议第 3.4条和第 20 条序言类似的解释。上诉机构多次强调对 TBT 协议和 GATT1994 协议要以连贯一致的方式进行解释，[1]在 TBT 协议下的贸易自由化与 WTO 成员监管权之间的平衡关系，原则上与 GATT1994 协议并无差别。[2]尤其是在非歧视待遇义务方面，争议措施在 TBT 协议下审查与 GATT1994 协议下的义务几乎是一致的。那么还用不用再对 GATT1994 协议进行分析，如果需要继续对 GATT1994 协议进行分析，按照上诉机构的解释应该采取连贯一致的方式进行解释，违反 TBT 协议非歧视性待遇义务也将违反 GATT1994 协议的非歧视性待遇义务。即由于争端解决机构对 TBT 协议的分析与对 GATT1994 协议以相同的方式进行解释，在 TBT 协议下已经对争议措施进行了全面的分析，如果再对 GATT1994 协议进行分析也只是对 TBT 协议下的结论进行简单的重复。

3. 消费者知情权保护能否因 GATT1994 协议第 20 条而获得正当性

由于 GATT1994 协议第 20 条列举的十种具体例外中并不包括消费者保护，因此，消费者保护本身并不能使以其为目的的贸易限制措施获得正当性。但由于消费者健康安全直接与 GATT1994 协议第 20 条（b）款"为保护人类及动植物生命或健

---

〔1〕 Appellate Body Report, *US-Clove Cigarettes*, para. 91.

〔2〕 Appellate Body Report, *US-Clove Cigarettes*, para. 96.

康所必需的措施"相关，因此，消费者健康保护可以直接利用
（b）款而获得正当性。消费者知情权保护措施要想获得正当性
也必须使其和第 20 条的某一个具体条款相联系，和消费者知情
权最相关的例外是 GATT1994 协议第 20 条（d）款[1]中的"防
止欺诈行为"。满足该例外需要具备三个要素：与本协定不相抵
触的法律法规、保证得到遵守、必需的。"不相抵触的法律法规"
在韩国牛肉案中是指反不正当竞争法，在多米尼加香烟案中指
税法。"保证得到遵守"是指只限于为保证法律法规所设定的义
务得以履行所采取的措施，不包括为了实现这种法律法规的目
的所采取的措施。"必需的"判断需要考虑的因素包括实现政策
目标的重要性、该措施有助于目标实现的程度以及对贸易造成
的限制程度。所要实现的政策目标越重要、对目标实现的贡献
程度越大以及造成贸易限制的程度越小，越容易认定为是必需
的。从 GATT 到 WTO 的案件来看，援引 GATT1994 协议第 20 条
（d）款的例外进行抗辩的难度很大。迄今为止，还没有一个案
件利用 GATT1994 协议第 20 条（d）款来为消费者知情权保护
措施抗辩。在美国金枪鱼 II 案的专家组报告和上诉报告中，主
要以 GATT1994 协议第 20 条（b）款、（g）款来为海豚保护目
的抗辩，并没有对"海豚安全"标签措施的另一个"向消费者
提供信息"目标来抗辩。在美国 COOL 案的专家组报告和上诉
报告中，虽然都认定美国 COOL 措施违反了 GATT1994 协议第
3.4 条，但美国并没有利用 GATT1994 协议第 20 条来进行抗辩。
如何处理 GATT1994 协议与 TBT 协议的关系？能否适用司法经

---

[1] GATT1994 协议第 20 条（d）款"为保证某些与本协定不相抵触的法律或
法规得到贯彻执行所必需的措施，包括加强海关执法的法律和条例、加强根据本协
定第二条第四款和第十四条而实施的垄断、保护专利权、商标及版权，以及防止欺
诈行为所必需的措施。"

济原则？消费者知情权保护措施能否利用 GATT1994 协议第 20 条（d）款来抗辩？这些问题直接影响着以消费者知情权为目的的食品标签措施能否获得正当性。

本章小结

国家基于主权拥有管理国内事务的最高权力，可以在其认为适当的程度内采取必要措施。国家为了保障社会正常运转，也需要保留一定的政策空间，避免实施管理权的困境。[1]同时，为了国际合作，国家行为必然要受到限制。消费者保护已经成为各国的普遍实践，消费者保护措施的合理性与合法性同样会受到 WTO 层面的二次审查，国内管理事务的空间进一步受到挤压，各成员必须在 WTO 法中寻找其保护消费者利益的合法依据。而 WTO 的贸易自由化是始终以生产者利益为中心的规则体系，具体而言，WTO 通过多边贸易规则减少贸易壁垒、保障非歧视性待遇，促进全球市场的形成，生产者的利益通过自由贸易得到实现。但 WTO 却没有把保障消费者利益的规则直接纳入其中，在市场中拥有独立法律地位的消费者，在 WTO 法中事实上处于缺位状态。虽然有的 WTO 条款可以用来保护消费者利益，但和生产者利益相比尚处于次要地位。消费者利益只有在和 WTO 所明确承认的目标相一致的情况下才能得到保护。但当消费者保护措施无法在 WTO 找到合法依据的情况下，这些消费者保护措施往往会被认为是一种贸易壁垒，而无法在 WTO 中获得正当性，从而造成各成员无法有效保护国内消费者的利益。具体而言，GATT1994 协议第 20 条的（b）款、SPS 协议以及

---

〔1〕 参见刘艳："国际投资协定中东道国政策空间问题研究"，载《武大国际法评论》2014 年第 1 期。

TBT 协议都有关于人类安全、健康相关的条款，这表明 WTO 成员可以采取保护消费者健康的食品标签措施。然而，消费者知情权保护问题却面临更大的困难。其一，WTO 中并没有明确的条款提及消费者知情权，即 WTO 各成员并没有义务向消费者传递产品或服务信息。其二，虽然有些 WTO 条款间接涉及向消费者传递信息的问题，但利用这些条款为消费者知情权保护措施抗辩的空间十分有限。例如，TBT 协议序言中明确表明防止欺诈，第 2.2 条又进一步明确防止欺诈属于技术法规的合法目标。但消费者知情权保护能否与防止欺诈等同，还需要进一步明确。其三，专家组和上诉机构对条款的从严解释又进一步压缩了消费者知情权保护存在的政策空间。另外，WTO 处理的与消费者知情权保护有关的案件并不多，尽管美国金枪鱼 II 案和美国 COOL 案中专家组和上诉机构澄清了一些问题，但还有一些问题并没有解决。WTO 处理此类案件仍然处于初期，上诉机构的法律解释仍处于基于个案的基础，并没有形成连贯一致的、类似于判例的解释，一些问题需要在后续的案件中得到明确。

具体而言，以消费者知情权为目的的食品标签措施要想在 WTO 中获得正当性，往往受以下因素影响：

（1）消费者偏好和习惯在"同类产品"认定中的作用不大，满足标签要求的产品与不满足标签要求的产品往往被认为属于同类产品。根据 GATT1994 协议和 TBT 协议的非歧视性原则，同类产品必须给予同等对待。

（2）以消费者知情权为目的的食品标签要求往往以与产品特性无关的生产过程、生产方法（NPR-PPM）为依据。根据 WTO 的争端实践表明，NPR-PPM 措施属于 GATT1994 协议与 TBT 协议的调整范围，而这种 NPR-PPM 措施往往会被专家组和上诉机构认定为贸易保护主义措施。

（3）食品标签措施往往很难满足 TBT 协议第 2.1 条的义务。是否符合 TBT 协议第 2.1 条义务的判定有两个步骤：第一，争议的技术法规是否修改了相关市场的竞争条件而对进口产品产生不利影响。第二，这种不利影响是否完全源自合法的监管区分。政府参与型的食品标签措施往往对产品进行区分并可能对进口产品造成损害。而对什么是"完全源自合法的监管区分"以及判定标准并不明确，专家组和上诉机构往往对其从严解释。同时，要想证明对进口产品的不利影响的唯一因素是来自于正当的监管区分，对被诉方而言其举证责任是非常重的以至于在实践中并不可行。截至目前，所有涉及 TBT 协议第 2.1 条的案件，上诉机构都认为争议措施违反了该条义务。

（4）食品标签措施比较容易满足 TBT 协议第 2.2 条"不得超过必要的贸易限制程度"的要求。TBT 协议第 2.2 条的认定包括"合法目标、实现目标、不得超过必要的贸易限制、考虑目标不能实现所产生的风险"。TBT 协议第 2.2 条的合法目标是开放性条款，向消费者提供信息可能构成其合法目标。对目标实现程度的要求是有贡献即可，并不要求完全实现或达到最低程度，因此，这一要求很容易满足。不得超过必要的贸易限制往往会涉及与替代措施的比较，要求替代措施完全达到争议措施对目标的实现程度，因此，替代措施往往不符合要求。另外，申诉方承担举证责任。这一因素的存在，往往使争议措施能够满足 TBT 协议第 2.2 条的规定。目前，所有涉及 TBT 协议 2.2 条的案件，都被认定争议措施并没有违反该条的义务。但专家组和上诉机构对 TBT 协议第 2.2 条中"合法目标"的解释，并没有明确向消费者提供的信息在什么条件下才能构成合法目标。

（5）WTO 争端解决实践表明，上诉机构更希望利用 TBT 协议第 2.1 条而不是第 2.2 条来处理案件。这在一定程度上表明，上诉机构不愿意做出成员国内法的目标是不合法的或者是不必要的裁决，而更愿意从 TBT 协议第 2.1 条的分析中得出争议措施违反了非歧视性待遇义务。这主要是因为 WTO 的作用不是告诉成员应该如何实现其政策目标，而在于防止歧视。如果专家组和上诉机构频繁地质疑各成员国内政策目标的合法性或措施的必要性，则比较容易被认为对各成员主权的过多侵蚀。显然，WTO 不愿意冒着丧失正当性的风险而利用 TBT 协议第 2.2 条来质疑争议措施，而更愿意选择利用起来比较安全的 TBT 协议第2.1 条的非歧视性待遇。[1]总之，上诉机构在解释 TBT 协议第2.2 条时对 WTO 各成员的监管权给予了较大程度的尊重，但上诉机构对 TBT 协议第 2.1 条却采取了从严解释的方法，从而导致争议措施很难满足该条的要求。

（6）GATT1994 协议与 TBT 协议的关系并不明确。由于两个协议存在类似条款和它们之间的紧密联系，如何处理它们之间的关系是一个非常重要的问题，特别是涉及 TBT 协议第 2.1 条和 GATT1994 协议第 3.4 条的关系。一是在对 TBT 协议第 2.1 条分析之后，能否适用司法经济原则而不对 GATT1994 协议进行分析。如果不能适用司法经济原则，那么是不是必须对两协议的解释保持一致？二是消费者知情权保护措施能否以 GATT1994 协议第 20 条获得正当性。这些问题的不明确性将会不可避免地影响未来案件的可预期性。

---

〔1〕　See Jonathan Carlone, "An Added Exception to the TBT Agreement after Clove, Tuna Ⅱ, and COOL", *Boston College International and Comparative Law Review*, Vol. 37, 2014, p. 130.

第**5**章
WTO 中消费者知情权保护与贸易自由的协调路径

　　消费者知情权保护的食品标签措施作为一种技术性的手段，其背后反映的是自由贸易和消费者保护两大价值的激烈冲突。由于以生产者利益为中心的 WTO 法已经与各国普遍重视消费者保护的实践相脱节，一些保护消费者的措施往往会被 WTO 认为构成变相的贸易限制而很难获得正当性，这一问题在消费者知情权保护方面的表现尤为突出。如果 WTO 成员采取的消费者知情权保护措施频繁地被 WTO 争端解决机构认定为是贸易保护措施，那么，这种情况的大量存在必然会影响到 WTO 的正当性问题。欧盟、东盟等区域贸易组织以及《跨太平洋战略经济伙伴关系协定》（TPP）、《跨大西洋贸易与投资伙伴协议》（TTIP）等未来的区域贸易协定都将消费者保护作为其重要内容，贸易自由与消费者保护兼顾已经成为区域贸易协定发展的新实践。WTO 同样需要将贸易自由与消费者保护兼顾作为其发展的新理念，并在该理念的指导下通过 WTO 争端解决机制的法律解释来实现消费者知情权保护和贸易自由之间的协调。

5.1 WTO 的发展应该兼顾贸易自由与消费者保护

5.1.1 贸易自由与消费者保护兼顾成为区域贸易组织的新实践

1. 欧盟、东盟等现有区域贸易协定中的消费者保护

（1）欧盟

欧洲经济共同体建立之初，并没有涉及专门的消费者保护问题。《罗马条约》的农业政策和竞争政策中间接涉及消费者的保护问题，[1]《罗马条约》相关条款对消费者权利的保护只是间接性的，既没有专门消费者保护的规定，也没有把消费者保护作为一项特别的政策目的。1991 年《马斯特里赫特条约》创建了欧盟，该条约将消费者保护作为其重要组成部分，并将消费者保护作为独立的章节来规定。[2]1997 年《阿姆斯特丹条约》、2007 年《里斯本条约》中保留了这些规定。由上可以看出，欧共体（欧盟的前身）的建立初期，和 WTO 一样只是强调对不同生产者之间的非歧视性待遇问题，并没有考虑消费者保护问题。但伴随着消费者保护呼声的日益强烈，在如何处理贸易自由与消费者保护的关系时，欧盟面临着两难抉择，一方面为了自由贸易而牺牲消费者保护，则会增加消费者受到伤害的风险。从短期看，这种自由贸易能为消费者带来更加丰富、更加低廉的产品，但从长远来看，消费者将面临更多的健康危险。尽管消费者保护会在一定程度上限制自由贸易，但消费者保护

---

〔1〕　Treaty Establishing the European Economic Community art. 39, 85 （3）, 86, Mar. 25, 1957, 298 U. N. T. S. 3.

〔2〕　Treaty on European Union art. 129a, Feb. 7, 1992, 1992 O. J. （C 191）1, 31 I. L. M. 253.

有利于公共福利的增加。另一方面，一国消费者保护措施又会构成非关税壁垒，与自由贸易原则相违背。但欧共体的政策制定者逐渐认识到消费者保护是自由、统一市场的重要组成部分，应该在贸易自由化过程中平衡消费者和生产者之间的利益。欧盟一直把消费者保护看作是促进经济一体化的因素，认为保护消费者不但不是对他们的"恩惠"，相反，将有利于整个欧盟。应该充分认识到消费者保护与经济发展的良好互动关系，提高消费者保护水平，促进自由贸易的发展。

欧盟的基础条约表明欧盟在致力于自由贸易的同时，确保对消费者高水平的保护，并逐步将消费者知情权作为一种独立的权利予以保护。《马斯特里赫特条约》把消费者获得信息作为一种利益予以关注；《阿姆斯特丹条约》第153条把消费者知情权从内部市场政策中独立出来，使消费者知情权获得了独立的价值。因此，消费者知情权保护在欧盟具有很强的法律基础。

（2）东盟

自20世纪80年代，亚洲各国才开始陆续进行消费者保护立法。东盟缔结之初也没有提及消费者保护问题，但近些年来，东盟的政策制定者也逐渐认识到消费者保护是自由统一市场的重要组成部分，在贸易自由化过程中逐渐重视消费者保护问题，并明确提出了获得充分信息是消费者的一项重要权利。在2007年11月20日举行的第13届东盟首脑会议上，通过了旨在将东盟到2015年打造成单一市场的《东盟经济共同体蓝图》。这是东盟经济一体化建设的总体规划，也是一份指导性文件。该蓝图的一项重要目标是消费者保护："以人为本的方法建立一体化的经济区域，东盟铭记在采取措施达到一体化的过程中不能将消费者排除在外。消费者保护措施与提议的经济措施一并被提

出来，以解决不断涌现的消费者保护问题。"东盟也采取了一系
列措施促进消费者保护。例如，2007 年建立的东盟消费者保护协
调委员会（后改名为东盟消费者保护委员会，ASEAN Committee
on Consumer Protection，简称 ACCP）；建立消费者保护的网络机
构，方便共享或交换信息；为东盟一体化市场组织消费者保护
官员、消费者代表区域培训课程。[1]2015 年 11 月 22 日，在吉
隆坡召开的第 27 届东盟峰会上通过了关于东盟共同体建成的
《吉隆坡宣言》和《东盟经济共同体蓝图》（2025）。该"蓝图"
进一步明确，为生产者和消费者建立一个更为统一的市场。消
费者保护是现代、有效、高效和公平市场的重要组成部分。消
费者有权获得如下权利：充分的信息以保证其做出知情选择、
有效救济、产品和服务达到一定标准或安全要求。由于全球化
和技术的发展使跨境贸易增长、电子商务和其他的新型贸易形
式不断出现，政府需要创新消费者保护的方式、促进消费者利
益。这就需要通过有效的立法、救济机制、公众意识而建立全
面的、功能完善的国家和地区消费者保护执行机制。为达到此
目标，东盟采取了一系列措施：通过更高水平的消费者立法、
提高消费者保护立法的执行和监督以及可获得的救济机制，包
括可选择性的纠纷解决机制而建立一个统一的东盟消费者保护
立法；通过处理消费者关切的问题和提高消费者知识等多种措

---

〔1〕　"The building of an integrated economic region with a people-centred approach
in this region has made ASEAN mindful that consumers cannot be precluded in all measures
taken to achieve this integration. Consumer protection measures are already being developed
in tandem with the proposed economic measures to address the already emerging consumer
protection". [Association of South East Asian Nations, *ASEAN Economic Community*
(*AEC*) *Blueprint* (2008), 23, available at http://www. asean. org/archive/5187-10. pdf,
最后访问时间：2014 年 11 月 12 日]

施以提供高水平的消费者的保护。[1]

欧盟、东盟等现行区域贸易协定的贸易自由化政策经历了以生产者利益为中心到消费者利益和生产者利益兼顾的变化过程，其实践表明贸易自由化可以同时追求消费者利益和生产者利益。欧盟、东盟都明确了消费者保护是现代市场的重要组成部分，贸易自由化与消费者利益可以共存。

2. TPP、TTIP 等未来区域贸易协定中的消费者保护

（1）TPP 协议中的消费者保护

2015 年 10 月 5 日，《跨太平洋战略经济伙伴关系协定》（TPP）成功签署。不论从调整范围还是调整水平，TPP 的实质内容都超过了 WTO。TPP 协议条款为 WTO 创造出一套"示范法"，其相关条款可能会被纳入 WTO 法。与 WTO 很少提及消费者形成鲜明对比，TPP 文本共提及"消费者"54 次，同时，明确将消费者保护作为缔约方的义务。下图是出现"消费者"章节、次数的汇总。

章节[2]	序言	第3章	第4章	第7章	第8章	第13章	第14章	第16章	第17章	第18章	第20章	第26章	合计
次数	1	1	1	2	5	8	17	12	1	3	1	2	54

TPP 序言第 1 款明确表明"为消费者带来利益"是缔结

---

[1] Association of South East Asian Nations, *ASEAN Economic Community（AEC）Blueprint*（2025），28，available at http://www.asean.org/images/2015/November/aec-page/AEC-Blueprint-2025-FINAL.pdf，最后访问时间：2015 年 12 月 25 日。

[2] 其中，第 3 章原产地规则和原产地程序、第 4 章纺织品和服装、第 7 章卫生和植物卫生措施、第 8 章技术性贸易壁垒、第 13 章电信、第 14 章电子商务、第 16 章竞争政策、第 17 章国有企业和指定垄断、第 18 章知识产权、第 20 章环境、第 26 章透明度和反垄断。

TPP 的一个目标，〔1〕并在具体章节中得以反映。其中，第 16 章
竞争政策中赋予缔约国消费者保护的义务，第 16.1 条"每一个
缔约方应通过或维持禁止限制竞争商业行为的国内竞争法，以
提高经济效率和消费者福利，并且应针对此类行为采取适当措
施。"第 16.6 条具体规定了消费者保护的义务，"1、缔约方认
识到消费者保护政策和执行对在自由贸易区内建设有效和竞争
的市场及提高消费者福利的重要性。2、就本条而言，欺诈和欺
骗性商业活动指对消费者造成实际损害或不加制止即会造成迫
近的损害威胁的欺诈和欺骗性商业行为，如：（a）对重要事实
的虚假陈述，包括默示事实虚假陈述，导致被误导的消费者经
济利益的显著损害；（b）在消费者付款后，未向消费者提供产
品或服务；（c）在未经授权的情况下，收取或借记消费者的金
融、电话或其他账户的费用。3、每一个缔约方应通过或维持消费
者保护法或其他法律法规，以禁止欺诈或欺骗性商业行为……"
TPP 协议中还有一些和消费者知情权相关的条款，例如，附件 8-
A 葡萄酒和蒸馏酒的第 4 条明确规定了向消费者提供信息的要
求，"一缔约方可要求供应商保证该缔约方要求在葡萄酒和蒸馏
酒标签上的声明内容为：（a）清晰、明确、真实、准确，且不
会误导消费者；（b）可为消费者辨识。"第 6 条进一步规定要求
附加标签所标示的信息清晰、具体、准确、可辨识，不会误导
消费者等。在第 18 章知识产权中，赋予了缔约方采取法律手段
防止消费者对原产地方面误导的义务，"每一个缔约方应为利害
关系人提供法律手段，防止以在货物原产地方面误导消费者的
方式在货物上商业性地使用一缔约方的国名。"

---

〔1〕"缔结一项促进经济一体化的全面区域性协定，以推动贸易和投资自由
化，促进经济增长和社会福利，为工人和工商界创造新机遇，进一步提高生活水平，
为消费者带来利益，减少贫困并促进可持续增长。"

（2）TTIP 与消费者保护

TTIP 的谈判遭到很多非政府组织、贸易联盟和消费者组织的反对，理由是该协定将会削弱消费者权益、破坏环境保护和社会标准。WTO 前总干事拉米表示 TTIP 谈判的核心是消费者保护问题，其中 80% 的谈判内容涉及消费者保护标准的协调统一。拉米认为应该明确告诉公众谈判目标是协调消费者保护，以此唤起公众对谈判的支持。尽管目前 TTIP 并没有缔结，但欧加自贸协定（Comprehensive Economic and Trade Agreement，简称 CE-TA）是欧盟新近缔结的条约，很可能成为欧盟谈判的蓝本，而美国则可能将 TPP 协定的内容引入 TTIP。CETA 中多次提及消费者保护问题，例如，在电子商务中保护消费者，防止商业欺诈行为（第 X-5 条）；在同名地理标志的处理中要考虑生产者的平等对待和消费者不被误解（第 7.5 条）；在私营机构协商中，明确将消费者列入其中（第 X.8 条）等规定。因此，我们可以预测未来缔结的 TTIP 也必然包含消费者保护的条款。

总之，TPP、TTIP 等未来的巨型区域贸易协定表明，消费者保护已经成为自由贸易协定的一种新的趋势。

5.1.2 兼顾贸易自由与消费者保护是 WTO 发展的必然选择

GATT1947 以及后来的 WTO 都是以生产者利益为中心的规则体系，它们所主张的自由贸易主要通过保障生产者利益而实现，对消费者利益的考虑是不充分的。向外国生产者开放市场是 WTO 的一个主要目标，WTO 通过赋予成员降低关税、非歧视待遇等义务以确保该目标的实现。相对于以前的封闭市场，WTO 的开放市场、实现自由贸易体制也使一些消费者利益得到实现。例如，以更低的价格获得产品或服务以及更多的产品供应等物质利益。但伴随着经济、科技的不断发展，消费者和生产者之间差距越来越大，消费者利益也不再简单地表现为经济利益。信息不对称、外部化等问题的出现，导致市场出现失灵的情况。这时，消费者的利益并不能随着自由贸易中生产者利益的实现而实现。这种情况下如何处理生产者利益和消费者利益之间的关系，不管是亚当·斯密还是弗里德曼都已经给出答案：消费者利益优先。亚当·斯密在《国富论》中明确表明了这一态度，"消费是所有生产的唯一目的，而生产者的利益只有在成为促进消费利益的必要条件时才加以关注。这一原则是不言自明的，无需证明的。但在重商主义体系中，消费者的利益几乎总是为了生产者利益而被牺牲，这一体系似乎将生产而不是消费者看成是所有工商业的最终目的"。[1] 由此不难发现，亚当·斯密认为不应该为了生产者的利益而放弃消费者利益，相反，消费者利益才是实现自由贸易的目标。重商主义忽视消费者利益而维护生产者利益的做法是亚当·斯密明确反对的。弗里德曼同样将消费者主权作为经济自由的核心来理解，反对生产者主权。

　　生产者和消费者是市场的两大行为主体，在市场交易活动中，生产者和消费者相互依存，失去一方另一方将不存在。在贸易自由化过程中，消费者利益和生产者利益都发挥着至关重要的作用。因此，作为市场主体之一的消费者同样应该有自己的权利和义务，在贸易自由化过程中也应该得到应有的考虑。各国日益重视消费者保护问题，相应立法也不断出现。欧盟以及一些区域性的贸易协定都开始顺应这一趋势，消费者导向的规则成为贸易自由化的一种新的趋势。但 WTO 仍然固守以生产者为中心的规则导向，不能很好地进行消费者保护。目前，消

---

　　〔1〕　〔英〕亚当·斯密：《国富论》，孙善春、李春长译，中国华侨出版社 2010 年版，第 281 页。

费者知情权保护成为各国的普遍实践，国家采取措施实现消费者知情权保护的目标如果无法在 WTO 中实现，将会影响到 WTO 的正当性。

综上所述，以生产者利益为中心的 WTO 法，已经和各国努力在生产者利益和消费者利益之间寻求平衡的监管模式相脱节了。一些区域性的贸易自由化协定已经开始日益重视消费者利益，WTO 不能继续无视消费者利益。即 WTO 在保护生产者利益的同时应该兼顾消费者利益，为各成员保护消费者利益的国内规则留有空间。贸易是达到消费目的的一种手段，其本身不是目的，不能因为一味地追求贸易自由的目标而忽视消费者的保护。消费者和生产者利益应该在贸易自由化过程中得到应有的考虑。与生产者利益比较而言，消费者利益不应该放在次要位置。WTO 虽然不是解决消费者保护的最佳场所，但作为调整国际贸易的国际组织，需要兼顾贸易自由和消费者保护。在保证国际贸易自由的同时，为各成员保护消费者利益的国内规则留有空间。[1]

5.2 WTO 中消费者知情权保护与贸易自由协调的具体方案

5.2.1 WTO 中消费者知情权保护与贸易自由协调的理论设想

自由贸易作为国际贸易法的价值所在，是一种能够为各国带来利益并实现共赢的贸易形式。同时，消费者知情权保护也成为各国的普遍实践。WTO 的自由贸易规则体系与各国的消费

---

〔1〕 See Sonia E. Rolland, "Are Consumer-Oriented Rules the New Frontier of Trade Liberalization", *Harvard International Law Journal*, Vol. 55, 2014, p. 361.

者知情权保护政策之间存在着潜在的冲突。一方面，自由贸易规则和原则会对消费者知情权保护产生一定的负面影响；另一方面，各国实施消费者知情权保护措施也可能对国际贸易造成影响。WTO 并不试图将贸易自由化凌驾于各成员消费者知情权保护政策之上，但也没有为其创设一般例外。如何处理自由贸易与消费者知情权保护之间的关系，逐渐成为国际贸易法不得不关注的问题。欧盟、东盟等区域协定都明确承认消费者知情权保护的重要性，而 WTO 及其前身 GATT 一直固守生产者利益导向的规则体系，一直未给予消费者知情权足够的重视。如何解决自由贸易与消费者知情权保护之间的冲突，主要有以下几种理论方案：

1. 在 WTO 之外形成有关消费者知情权保护的国际标准

关于消费者知情权保护能否成为食品标签立法的理由，各国的做法并不相同。由于 SPS 协议、TBT 协议对国际标准的纳入，如果存在与消费者知情权相关的国际标准，WTO 成员采取的措施一旦被认为是以国际标准为基础制定的，那么就推定该措施符合 SPS 协议、TBT 协议。SPS 协议与 TBT 协议都要求成员以国际标准作为其技术法规的基础，除非该国际标准不能达到所要追求的保护水平，或国际标准对实现其追求的合法目标无效或不适当时，可以不以国际标准为基础。鉴于不同法律体系下的有关消费者知情权保护的标签要求并不相同，而这种不一致性又会对国际贸易造成影响。而不同标签体系的协调会节约大量的成本，并避免产生贸易争端。因此，协调不同国家的食品标签要求进而形成国际标准，是协调消费者知情权保护和贸易自由的一种重要选择。

食品法典委员会（CAC）是国际上影响最大的食品标准化组织。食品标签法典委员会（CCFL）是 CAC 的分委员会，主要致力于形成食品标签国际标准。CCFL 最有可能形成的有关消费者知情权保护方面的国际标准，将是赋予消费者某一特定信息的食品标签标准。例如，转基因食品标签标准问题。目前，存在着两种不同的转基因食品标签，分别是以欧盟为代表的强制标签制度和以美国为代表的自愿标签制度。转基因强制标签制度是建立在消费者知情权的基础上，这与以美国为代表的转基因自愿标签制度发生冲突。从 1993 年起 CCFL 一直持之以恒地进行转基因食品标签的协调，经过 20 多年的研究和讨论，仍然没有达成被 CAC 通过的转基因食品的标识标准。[1]由此可以看出，由于文化、经济等方面的不同，各国的消费者所需要的食品信息并不相同。因此，政府在国际层面解决消费者知情权保护的意愿并不强烈，形成消费者知情权保护方面的国际标准可能性并不大。

2. 修改 WTO 规定明确将消费者知情权保护纳入其中

虽然直接修改 WTO 规则是解决问题最直接的方式，但考虑到 WTO 成员众多、利益不一，修改 WTO 规则的可行性不强。WTO 多哈回合谈判不断受挫表明，战后全球贸易协定的旧模式几乎崩溃。2015 年 12 月 15 日至 19 日，在肯尼亚首都内罗毕召开的 WTO 部长级会议，也没有就关于 WTO 谈判机制未来如何演变这一问题达成一致意见。与此相对应，区域或"巨型区域"自由贸易协定则遍地开花，而且这些区域性协定往往针对的是 WTO 谈判没有涉及的领域。例如，TPP 协议的环境保护、劳工问题、国有企业等问题。因此，引领谈判的聚光灯已经转向区域贸易协定。另外，随着贸易自由化的不断发展、不断深化，与贸易有关的议题会不断增多，并不是每一个议题都需要通过

---

〔1〕 付文佚："论转基因食品标识的国际标准——以食品法典委员会为视角"，载《华中农业大学学报（社会科学版）》2012 年第 5 期。

修改 WTO 规则来实现。

3. 通过 DSB 采取有利于消费者的解释方法来处理消费者知情权保护问题

目前，WTO 正遭遇这样一种困境：一方面，经济全球化的迅猛发展，各成员之间的利益冲突日益复杂，而现有的 WTO 法律体系无法很好地调整这些问题。另一方面，WTO 特有的修改规则使及时修改 WTO 相关规定以适应新的形势变得不可能。可见，发挥专家组和上诉机构的法律解释和法律适用职能，已成为客观必然的选择。[1]WTO 中的消费者知情权保护问题就是非常典型的一个问题。鉴于各国对消费者知情权进行保护的普遍实践，以及欧盟、东盟明确将消费者知情权作为消费者的一项基本权利，TPP、TTIP 等新型自由贸易区域协定对消费者保护的重视。WTO 也必须对这一问题做出回应，WTO 做出回应的最可行方式是利用争端解决机构在解决具体案件中反映这些新的规则。其可行性分析如下：

（1）WTO 争端解决实践中的"遵循先例"原则

WTO 争端解决不采取"遵循先例"的原则，通过的专家组报告和上诉机构报告只对当事国和本案有约束力。在日本酒税案中，专家组指出经由 GATT 缔约方全体和争端解决机构通过的专家组报告的决定构成特定案件的嗣后惯例。而上诉机构则认为，尽管专家组报告是由缔约方全体的决定通过的，但根据 GATT 通过专家组报告的决定并不构成缔约方全体对该报告中法律推理的协议。一般认为，专家组报告中的结论和建议只能约束该案当事人，嗣后专家组不受以前专家组报告细节和推理的法律约束。该案对专家组报告的结论经常为后来的案件所引用，

---

[1]　姜作利："评 WTO 争端解决程序中法律解释的适用法——发展中国家的视角"，载《当代法学》2014 年第 4 期。

也是认为 WTO 争端解决机构没有先例约束力的主要依据。[1]

但在实践中专家组和上诉机构往往会援引先前案件中的解释，后来的案件会受到以前案件裁决的影响是不争的事实。对于上诉机构的裁定，此后的专家组不能无视其法律解释和裁决理由。总之，DSB 在 WTO 体制下虽然没有创设法律的权力，但专家组和上诉机构在解决具体法律问题时往往会援引以前的上诉机构报告的做法，从而使上诉机构报告的法律解释具有事实上的效力。因此，专家组和上诉机构可以以个案为基础解释和发展 WTO 规则。尽管根据 WTO 争端解决备忘录 DSB 的裁决并不能产生先例的效果，实践中也有背离先例的情况，但专家组和上诉机构在解决具体法律问题时往往会援引以前的上诉机构报告的做法，从而使上诉机构报告的法律解释具有事实上的效力。

（2）WTO 规则的模糊性及弹性条款的存在，为 DSB 发展 WTO 规则提供可能性

WTO 规则存在的模糊性和弹性条款的存在，为争端解决机构发展 WTO 规则提供了可能性。专家组和上诉机构应该根据既有的 WTO 规则来解决争议，但大量的新问题、新情况不断出现，导致现有的规则往往无法提供确切的答案，这就涉及对 WTO 具体规则的解释。上诉机构对每一个上诉案件都注重用国际法的一般原则及条约解释原则对 WTO 相关条款进行解释和适用，这无疑可以进一步增加 WTO 规则适用的一致性。就消费者知情权保护而言，WTO 虽然并没有条款明确提及消费者知情权，即 WTO 各成员并没有义务保障向消费者传递产品或服务信息，但现有的 WTO 条款也确实为消费者知情权保护提供了可能。例

---

〔1〕 参见韩立余："WTO 争端解决中的案例法方法"，载《现代法学》2008 年第 5 期。

如，GATT1994 协议第 20 条（d）款包含防止欺诈例外条款、
TBT 协议第 2.2 条明确列举的合法目标中包括防止欺诈行为、
TBT 协议序言中也明确表明为了防止欺诈可以采取适当措施。
而防止欺诈行为与向消费者提供信息之间有一定的联系。同时，
TBT、SPS 协议在一定程度上鼓励 WTO 各成员使用国际标准，
这在一定程度上有助于向消费者传递符合国际标准的信息。这
些条款的存在，为 DSB 处理消费者知情权相关的案件奠定了
基础。

（3）司法能动性的适当运用

作为规则本身，WTO 协议必须保持稳定。但 DSB 不能只是
简单地援引 WTO 的相关规定，而是需要给出裁决理由，并证明
裁决的合法性，接受成员方的审查。因此，DSB 需要在相互竞
争的价值观中进行权衡和选择。司法能动主义产生的外部因素
则在于国际社会利益日益多元化、动态化，新问题不断产生，
问题解决又依赖于现有法律，而现有规则无法及时满足要求，
或者因条文模糊而使成员方无所适从，这只能寻求专家组和上
诉结构的解释。因此，绝对的司法克制并不可取，而对规则的
澄清和按照 WTO 规定的基本原则、宗旨填补空白的过程，体现
的便是 DSB 适当的司法能动性。

就 WTO 的制度设计而言，争端解决机制所遵循的是司法克
制的策略。司法能动主义是 WTO 争端解决中出现的新动向。
DSB 在面对绝对个性化的案件时，要适用具有普遍意义的规则，
就必然存在创造性解释规则的可能。通过争端解决机构将各国
普遍同意的实践引入 WTO 现有规定，是一个实际可行的方法。
但同时要防止专家组和上诉机构过分发挥带有司法能动主义色
彩的解释哲学，造成对本来属于 WTO 成员权限的侵蚀。因此，
司法能动应该被局限在澄清应予澄清的模糊和在 WTO 已有规定

的基础上填补空白，从而有利于成员方对 WTO 规则的顺利履行。[1]同样，在 WTO 消费者知情权保护缺失的情况下，专家组和上诉机构在解决与消费者知情权相关的案件时，可以适当利用司法能动性，做到兼顾消费者利益和生产者利益。

（4）利用 DSB 发展规则的已有成功案例

GATT1994 协议第 20 条环境保护例外条款（b）和（g）款的判例法，已经基本实现了保护环境和贸易自由的微妙平衡：在赋予环境保护价值优先的前提下，对环境贸易措施采取了严格的限制。这些判例通过对关键词的解释，增加了该条的可操作性。[2]例如，对（b）款"必需的"的发展，从"最低贸易限制"[3]到"相称性考虑"[4]的改变；对（g）款"可用竭自然资源"的发展：从清洁空气[5]到动物[6]都可能成为可用竭自然资源。这些都是 WTO 争端解决机构在具体案件中通过限制或扩充解释的方法而逐步发展起来的规则，这对后来案件的审理实际上起到了判例的作用。DSB 在环境保护例外上所做的解

---

〔1〕 陈欣：《WTO 争端解决中的法律解释：司法克制主义 V. S. 司法能动主义》，北京大学出版社 2010 年版，第 50~53 页。

〔2〕 左海聪："GATT 环境保护例外条款判例法的发展"，载《法学》2008 年第 3 期。

〔3〕 Panel Report, *Thailand-Restriction on Importation of and Internal Taxes on Cigarettes（Thai Cigarettes）*, GATT/BISD37S/200（DS10/R），para. 75.（"最低贸易限制"要求是指，如果存在与 GATT 条款不相抵触的措施，就必须采取该措施，即使不存在该措施，如果有可能，也必须选择比争议措施"更少不一致"的替代措施。）

〔4〕 Appellate Body Report, *Korea-Various Measures on Beef*, para. 164.（在韩国牛肉案中引入"相称性考虑"，即在确定"必需"时需要对一系列因素进行权衡，包括：所要保护价值的重要性、措施对目标实现的贡献程度、措施对贸易造成的限制程度。以后的案件在分析"必需"时都应用了这一方法。）

〔5〕 Appellate Body Report, *United Stated-Standards for Reformulated and Conventional Gasoline（US-Gasoline）*, WT/DS2/AB/R，para. 19.

〔6〕 Appellate Body Report, *United Stated-Import Prohibition of Certain Shrimp and Shrimp Products（US-Shrimp）*, WT/DS58/AB/R.

释和发展，虽然有争议，但最终也得到了 WTO 成员的普遍认可。因此，GATT 环境例外条款的判例法已经基本实现了保护环境和自由贸易之间的微妙平衡。一方面，将环境保护的目标置于自由贸易的价值之上，允许各成员采取措施保护环境；另一方，对环境保护措施的采取施加了严格的限制，防止引发例外的滥用。

综上所述，尽管从理论上讲，形成国际标准、修改 WTO 规则也可以在一定程度上解决 WTO 的消费者知情权保护的缺失问题，但这两种方法都面临着一定现实条件的限制，在目前的条件下缺乏可行性。本书认为，鉴于 DSB 在争端解决实践中发挥的实际影响力，最可行的方法是在现有的 WTO 法律框架下，通过 WTO 争端解决机构对有关条款的适当解释，合理发挥专家组和上诉机构的裁量权，通过发展判例法来解决消费者知情权保护有关的议题。

5.2.2 DSB 解决消费者知情权保护与贸易自由协调的具体建议

1. 允许 WTO 成员消费者知情权保护立法多元化状态的存在

作为国家之间的国际经济组织，WTO 对各成员贸易措施的限制来自于成员自愿的主权让渡。这种主权让渡是有限的，主权是国家内部的最高权力，国际组织也必须尊重和维护国家对社会事务的监管权。WTO 相关协议也明确承认各成员的监管权，例如，TBT 协议序言明确规定了各成员可以采取适当措施来达到保护人类、动植物健康以及环保等目标。但同时要求措施的实施方式不得构成歧视。另外，TBT 协议第 2.2 款对合法目标是非穷尽列举，成员追求的其他目标也可能成为合法目标。这些规定都表明了要对各成员想要追求的国内政策目标赋予一定程度的尊重。但同时对成员实现一定政策目标的实施方式予以限制。[1]另外，WTO不是自执行的协议，它通过各成员的国内法来执行。为了获得正当性和有效性，WTO协议需要多数国家的支持。被多数国家或者至少被一些实力强大的国家支持本身就可以使政策目标被认定为合法目标。[2]因此，DSB在争端解决实践中应该尊重成员国国内的价值选择，为成员国保留适当的政策空间。同时，将各国普遍同意的实践通过争端解决的方式引入WTO现有规定，既能保持WTO规则的稳定性，又能随着形势的变化做到与时俱进。WTO专家组和上诉机构不得轻易否定成员国立法所追求的价值，除非这种价值明显与WTO宗旨不符。

消费者知情权已成为各国所追求的价值目标，DSB在争端解决实践中应该尊重国家的这种普遍实践。专家组和上诉机构在法律解释中应该考虑成员在消费者知情权保护方面的监管权，其关注的焦点不应该是消费者应该享有何种信息的知情权以及在什么情况下赋予消费者知情权，应该重点关注的是争议措施是否具有歧视性以及该措施是否超过了必要的贸易限制程度。这种消费者知情权保护多元化的观念导向将对专家组和上诉机构所做的具体法律解释产生影响。

2. 扩大"消费者偏好和习惯"标准在"同类产品"的认定中的作用

WTO的专家组和上诉机构利用多种因素来确定两种产品是否属于"同类产品"，包括产品特性、最终用途、消费者偏好和习惯以及关税分类表。其中，与消费者知情权最相关的标准是

---

[1] Panel Report, *EC-Sardines*, para. 7. 120.

[2] See Joost Pauwelyn, "The Transformation of World Trade", *Michigan Law Review*, Vol. 104, 2005, p. 6.

消费者偏好和习惯，在 WTO 争端解决实践中，消费者偏好和习惯这一标准在同类产品的认定中发挥的作用不大。在新近的案件中，专家组和上诉机构在同类产品的认定中，考虑消费者的范围有扩大的趋势。例如，在美国丁香烟案中，专家组将消费者的范围限定在年轻烟民和潜在的吸烟者上，而上诉机构认为成年吸烟者也应该是属于被考虑的消费者的范畴。这样将导致属于同类产品的认定变得更加容易，因为只要相关产品对于一部分消费者群体具有替代性就足以认定属于同类产品，而不论这一部分消费者群体在整个消费者群体中所占比例的大小，或者其是否具有代表性。[1] 按照此逻辑进行推理，要想从消费者偏好和习惯这一要素分析得出不属于同类产品，必须证明所有消费者的偏好和习惯都认为两种产品是不同的，这在实践中是根本不可行的。因此，消费者偏好和习惯标准很容易满足属于同类产品的认定，但要证明不属于同类产品的可能性则微乎其微。即消费者对两种产品是相同的感知与"同类产品"的认定是相关的，但消费者对产品是不同的感知在"同类产品"认定中的作用是不明确的。

　　为了改变这一现状，应该将市场导向的方法作为评估"同类产品"的方法，并且需要重点考虑消费者习惯和偏好标准。即产品之间的经济联系不仅应该成为判断同类产品的基础因素，而且应该成为重要因素，经济联系的分析应该建立在消费需求的基础上。因此，专家组和上诉机构的主要调查应该集中在消费者的消费习惯和偏好这一标准上。如果市场上的消费者基于 NPR-PPM 方法的差异而做出购买选择，只要证据充分，就可以基于这种差异来认定产品是不相同的。因此，如何调查和衡量

---

　　〔1〕　参见杨淑君："浅谈 TBT 国民待遇原则——美国丁香烟案解析"，载《世界贸易组织动态与研究（上海对外贸易学院学报）》2013 年第 4 期。

消费者偏好和习惯将成为一个核心问题。[1]以消费者知情权保护为理由的食品标签措施往往涉及的是 NPR-PPM 信息，欧盟法并没有对 NPR-PPM 标准做出明确的规定，《欧洲统一法》第90 条规定了禁止歧视性税收，其中第 1 段是禁止对同类产品征收歧视性国内税。欧洲法院认定同类产品的标准是物理性能和消费者替代性，法院认为如果消费者在购买产品时"在一般情况下"没有选择"道德产品"，则可以认为"道德产品"和"非道德产品"是同类产品，反之，则不属于同类产品。可见，欧洲法院在认定 NPR-PPM 措施的产品是否同类时，是在消费者替代性下进行评估的。[2]欧盟的这一做法对发挥消费者偏好和习惯在同类产品认定中的作用具有借鉴意义。

综上，消费者所处的社会环境、历史传统、文化氛围及生活条件等都可能对消费者偏好和习惯产生影响。同时，消费者偏好和习惯如果受到政策和定价机制的影响，就应该将因政策影响的消费者习惯剥离出来，不作为产品区分的标准。[3]利用消费者偏好和习惯标准将两种产品认定为不属于"同类产品"，可以免于因违反非歧视性待遇义务而在 WTO 体制下不具有正当性的最直接方法。

3. TBT 协议与 GATT1994 协议中国民待遇义务的选择适用

构成技术法规的食品标签措施，同时适用于 TBT 协议和GATT1994 协议。在技术法规的适用方面，国民待遇义务是一个

---

〔1〕 See Adrian Emich, "Same Same But Different? Fiscal Discrimination in WTO Law and EU Law: What Are 'Like' Products?", *Legal Issues of Economic Integration*, Vol. 32, 2005, pp. 369~415.

〔2〕 参见刘瑛、常丽娟："论 PPM 标准在 WTO 中的法律地位"，载《国际贸易》2014 年第 2 期。

〔3〕 Panel Report, *Japan-Taxes on Alcoholic Beverages*, WT/DS8/R, WT/DS10/R, WT/DS11/R, 1996, paras. 5. 7, 6. 13.

比较敏感的问题。GATT1994 协议第 3.4 条和 TBT 协议第 2.1 条都规定了国民待遇义务，并且使用了类似的表述。例如，"同类产品""待遇不得低于"等用语。在以往的案例中，上诉机构表明根据 GATT1994 协议第 3.4 条的规定，"同类产品"的判断应该考虑相关产品在既定的市场中是否存在竞争关系，而并不需要考虑基于政策原因的产品区分。但在"待遇低于"的分析时是否需要考虑正当的监管区分还没有定论。在美国丁香烟案、美国金枪鱼Ⅱ案以及美国 COOL 案中，上诉机构在 TBT 协议第 2.1 条"待遇低于"的分析中引入了"正当的监管区分"因素，该因素应该考虑非贸易保护主义的政策目标，进而再考虑基于非贸易保护主义的政策目标的区分是否是正当的。上诉机构在这一环节中引入了 GATT1994 协议第 20 条序言"武断的、不公正的歧视"的分析。但在 GATT1994 协议第 3.4 条"待遇低于"的分析中是否应该考虑政策目标，上诉机构的态度并不明确。

　　TBT 协议与 GATT1994 协议都属于 WTO 协议附件 1A 的调整货物贸易的多边协议，两协议的适用范围存在一定交叉。根据 WTO 协议《附件 1A 的总体解释性说明》的规定，如果条款之间存在冲突，则以 TBT 协议为准；如果两者之间属于补充关系，则同时适用。TBT 协议与 GATT1994 协议中的国民待遇义务之间是否存在潜在冲突的认定是至关重要的。尽管 WTO 协议中存在着冲突规则，但 WTO 协议并没有对冲突明确定义，争端实践也没有一致做法。狭义冲突：两项规定下的义务相互排斥，使得不可能同时履行这两项义务（义务与义务之间的冲突）。广义冲突：两个都有效和适用的规则会产生不一致的决定，必须在两者之间做一选择的情况（义务与义务、义务与权利之间的冲突）。狭义冲突是通过限制或放弃权利来履行义务，使权利存在失去意义，也与条约的解释原则相违背。因此，广义的冲突更为合理。[1]GATT1994 协议与 TBT 协议中的国民待遇义务之间到底属于什么样的关系、有没有冲突？WTO 争端实践中的做法并不相同。有的案件以司法经济原则而只对 TBT 协议中的国民待遇义务进行分析；也有一些案件以两协议中的国民待遇义务的要求并不相同而拒绝适用司法经济原则。[2]

　　TBT 协议第 2.1 条的国民待遇义务与 GATT1994 协议第 3.4 条的国民待遇义务之间存在潜在冲突。这种潜在的冲突并不是来源于两协议的条款文本，而是基于专家组和上诉机构的创造性解释而产生的。WTO 争端解决实践在涉及 TBT 协议第 2.1 条国民待遇义务的案件中引入了"正当监管区分"的概念，即在对进口产品造成事实上歧视的情况下，如果对进口产品的不利影响完全源自正当的监管区分，则不视为对进口产品造成歧视。但"正当的监管区分"所涵盖的范围并不局限于 GATT1994 协议所规定的十种具体例外，因此，从理论上讲存在这样一种可能：成员有权以正当的监管区分作为抗辩理由而使其措施符合 TBT 协议的国民待遇义务，但该项正当的监管区分并不属于 GATT1994 协议第 20 条的十种具体例外。因此，由于 TBT 协议第 2.1 条与 GATT1994 协议第 3.4 条存在潜在冲突，应该依据 WTO 协议《附件 1A 的总体解释性说明》的规定只审查 TBT 协议项的义务。

　　4. 在法律解释中要适当兼顾消费者利益和生产者利益

　　WTO 争端解决机构在处理和消费者保护相关的案件时，由于涉及一些法律不确定性问题，争端解决机构对此享有较大的

---

　　〔1〕　参见杨淑君："浅谈 TBT 与 GATT 国民待遇原则的选择适用问题"，载《上海对外经贸大学学报》2014 年第 1 期。

　　〔2〕　关于这一部分的详细内容见"4.2.5 TBT 协议与 GATT1994 协议同时适用存在的问题"部分。

自由裁量权。专家组和上诉机构不能一味坚持以生产者利益为中心的解释方法，应该兼顾生产者利益和消费者利益。具体而言，在 TBT 协议第 2.1 条的分析中，由于 TBT 协议中没有类似于 GATT1994 协议第 20 条的一般例外条款，上诉机构创设了一个类似于 TBT 协议国民待遇的例外条款，即涉案措施改变了竞争条件而对进口产品造成的不利影响是"完全源自正当的监管区分"，还是反映了对进口产品的歧视。证明不利影响是"完全源自正当的监管区分"所造成的举证责任由采取措施的成员方承担，而要证明所有的不利影响"完全源自正当的监管区分"是非常困难的。上诉机构列出了需要考虑的因素，包括涉案措施的设计、体例、结构和实施等因素，尤其是争议措施是不是以一种公平公正的方式实施。如果监管区分不是以一种公平公正的方式实施，那么这种区分就不能被认定为是"正当的"。[1]但针对"正当的监管区分"的判断缺乏具体标准，专家组和上诉机构在具体解释中所持的态度具有至关重要的作用。在实践中，由于奉行生产者利益中心的解释方法，专家组和上诉机构往往做出不利影响并非仅由正当监管区分所造成的裁定。在实践中，还没有利用该条抗辩成功的案例。

　　WTO 的专家组和上诉机构在具体解决涉及非贸易议题的案件时，往往从生产者利益出发，而没有给予环境保护、健康以及消费者知情权等非贸易议题足够的重视。为了改变这一状况，争端解决程序可以进行修改以确保争端解决机构不会轻视其他非贸易价值而青睐贸易价值。例如，专家组成员不应该都是某一方面的专家，而是结合每一个案件的具体情况选择合适的专家组成专家组，从而保障专家组有足够的知识来解决特定案件，

─────────

〔1〕　Appellate Body Report, *US—COOL*, para. 171.

而不是只对某一议题有偏好。这就要求 WTO 的专家库应该包括各个相关领域的专家，最好是同一个专家能拥有不同领域的知识。同时也应该确保上诉机构的成员合格且没有偏见。[1]这将有利于 WTO 的专家组和上诉机构改变以往的以生产者利益为中心的解释方法。同时，各成员可以在争端解决中不断强调消费者知情权保护的重要性，以促使专家组和上诉机构向兼顾消费者利益和生产者利益的解释方法转变。

---

〔1〕 See Andrew T. Guzman, " Global Governance and the WTO", *Harvard International Law Journal*, Vol. 45, 2004, p. 336.

结　论

　　消费者知情权在消费者权利群中属于基础性和前置性的权利，只有消费者知情权得到充分实现，消费者的其他权利才有可能实现。消费领域存在着大量的信息不对称现象，在食品领域表现得尤为明显。大量的新型食品不断出现，消费者希望得到更多的食品信息。消费者知情权的实现很大程度上依赖于生产者提供的信息，食品标签是实现消费者知情权保护的重要手段。标签措施在解决与产品特性无关的、与 PPM 有关的环境保护以及其他的非贸易议题方面发挥着重要作用，而一些生态标签、公平贸易标签都可能转化为消费者知情权保护问题。

　　在消费者知情权保护逐渐成为世界潮流的今天，为了保障消费知情权的实现，各国日益重视食品标签立法。消费者知情权能否成为食品标签立法的独立理由，各国的做法并不相同。美国 FDA 的一贯做法是：只有当消费者知情权与食品安全、消费者健康因素相联系时，才可以实施食品强制标签制度，消费者知情权保护不能成为食品标签立法的独立理由。消费者知情权在欧盟具有较强的法律和政治基础。向消费者提供食品信息是欧盟关注的公共政策之一，鉴于食品标签是向消费者提供信息的主要手段，欧盟向来重视食品标签立法。在欧盟，消费者知情权是有别于消费者健康、安全的一项独立权利，消费者知情权可以成为食品标签立法的独立理由。尽管消费者知情权在欧美食品标签立法中的地位并不相同，但都是建立在本国国情的基础之上。

　　各国为了保护消费者知情权而采取的食品标签措施已经开始对国际贸易造成影响，各国的不同做法更进一步加剧了贸易冲突发生的可能性。如何协调消费者知情权保护和贸易自由的关系，成为 WTO 需要面对的一个重要问题。WTO 作为调整国际贸易的法律体系，一直秉承其生产者利益中心导向，没有对各国进行消费者保护的普遍实践予以重视，这与区域贸易协定日益重视消费者保护的趋势是不相符的。目前的 WTO 法律体系不利于消费者知情权的保护，主要表现在以下方面：第一，WTO各协议中都没有明确提及消费者知情权保护问题，用来保护消费者知情权的空间有限。第二，是专家组和上诉机构对 WTO 条款的从严解释，进一步缩小了消费者知情权保护的空间。总之，以生产者利益为中心的 WTO 法，已经无法与各国普遍重视消费者知情权的立法实践相适应了。

　　WTO 虽然不是解决消费者知情权保护的最佳场所，但需要为各成员消费者知情权保护的监管留有空间。WTO 需要在以下几个方面做出调整：首先，WTO 需要兼顾贸易自由与消费者保护。贸易自由与消费者保护兼顾已经成为区域贸易组织的新实践，WTO 同样需要将贸易自由与消费者保护兼顾作为其发展的新理念。其次，WTO 应该允许各成员采取措施以保护消费者知情权，同时限制该措施对进口产品的负面影响。能否以消费者知情权保护为理由进行食品标签立法，本来属于国内法事项，每一个国家都有权利制定最符合本国民众利益的食品标签立法。WTO 应该允许这种多元化的存在，不应该过分侵蚀成员国的监管自主权。WTO 主要建立在各成员的非歧视性待遇、非贸易保护主义等承诺的基础上，其主要职责是防止贸易保护主义以促进国际贸易，而不是试图统一各国的立法。第三，在 WTO 体制下协调消费者知情权保护和贸易自由之间的关系，最为可行的方法是通过 WTO 争端解决机构采取有利于消费者的解释方法来处理消费者知情权保护问题。

随着食品生产技术的不断发展，越来越多的新型食品开始出现，例如转基因食品、克隆动物等。消费者希望获得这些食品信息的目的往往并不是单纯从安全角度，而是从个人偏好、信仰、道德等方面考虑。可以预见，未来 WTO 可能面临更多以消费者知情权为目的的食品标签措施争议。食品标签的作用是多方面的，不管是出于健康原因还是环境保护方面的原因，食品标签要想发挥作用必须要使消费者知情。如果是基于健康、安全等原因的食品标签措施，在 WTO 诉讼中完全可以直接以保护健康和安全、保护环境等原因来抗辩，而不需要求助于消费者知情权保护。因此，本书将基于以上原因的消费者知情权排除在研究范围之外。但这里隐含着一个问题：由于以食品安全为由采取的食品标签措施属于 SPS 协议的调整范围，而与食品安全无关只以消费者知情权保护为由采取的措施则属于 TBT 协议的调整范围。由于 SPS 协议要求必须有科学证据、风险评估的基础才可以采取食品标签措施，而 TBT 协议却并没有这一要求。从这一点来看，TBT 协议的要求更宽松一些。这样会不会造成这样一种状况：以消费者知情权为由的食品标签措施可以在 WTO 获得正当性，而以食品安全为由采取的食品标签措施却因 SPS 协议的严苛条件而无法获得正当性？这样将导致 WTO 成员会将所有的食品安全问题都会转化为消费者知情权保护问题，这种状况显然是不合理的。如何防止这种情况出现需要做进一步的研究。

近年来，我国食品安全事件频繁发生，导致消费者对食品安全的信心有所下降，对食品的感知风险有所上升，消费者希望获得更多的食品信息以便做出知情选择。而我国的食品标签立法中对消费者知情权的保护还存在诸多问题，需要通过不断完善食品标签法来确保消费者知情权的实现。从本书的分析可以得出，进行食品标签立法保护消费者知情权属于国家主权范围。鉴于我国的具体情况，消费者希望获得更多信息。将消费者知情权保护作为食品标签立法的独立理由是符合我国现在的国情的，其本身也不构成对 WTO 义务的违反。但同时需要注意，保护消费者知情权的食品标签措施的实施方式要公平公正，不能在同类产品之间造成歧视。否则，就会违反 WTO 的非歧视性义务。我国的食品标签立法如何才能做到既保护消费者知情权又不违反 WTO 的义务，是一个需要进一步具体研究的问题。

参考文献

一、中文著作

[1] 韩立余:《既往不咎——WTO 争端解决机制研究》，北京大学出版社 2009 年版。

[2] 韩立余:《世界贸易组织法》，中国人民大学出版社 2014 年版。

[3] 余劲松、吴志攀主编:《国际经济法》，北京大学出版社 2014 年版。

[4] 朱榄叶、贺小勇:《WTO 争端解决机制研究》，上海人民出版社 2007 年版。

[5] 李浩培:《条约法概论》，法律出版社 2003 年版。

[6] 杨泽伟:《主权论——国际法上的主权问题及其发展趋势研究》，北京大学出版社 2006 年版。

[7] 陈安主编:《国际经济法学》，北京大学出版社 2013 年版。

[8] 王传丽主编:《国际经济法》，法律出版社 2012 年版。

[9] 赵维田:《最惠国与多边贸易体制》，中国社会科学出版社 1996 年版。

[10] 纪文华、姜丽勇:《WTO 争端解决规则与中国的实践》，北京大学出版社 2005 年版。

[11] 付文佚:《转基因食品标识的比较法研究》，云南人民出版社 2011 年版。

[12] 陈欣:《WTO 争端解决中的法律解释:司法克制主义 V. S. 司法能动主义》，北京大学出版社 2010 年版。

[13] 鄂晓梅:《单边 PPM 环境贸易措施与 WTO 规则:冲突与协调》，法律出版社 2007 年版。

[14] 赵维田、缪剑文、王海英:《WTO 的司法机制》，上海人民出版社

2004 年版。

[15] 左海聪：《国际经济法的理论与实践》，武汉大学出版社 2009 年版。

[16] 赵维田、刘敬东编：《WTO：解释条约的习惯规则》，湖南科学技术出版社 2006 年版。

二、中文期刊论文

[1] 韩立余："WTO 争端解决中的案例法方法"，载《现代法学》2008 年第 3 期。

[2] 姜作利："WTO 上诉机构'完成专家组评价'的实践及其改革研究"，载《山东社会科学》2010 年第 6 期。

[3] 吕晓杰："对 WTO 争端解决机制中司法经济原则功能的再思考"，载《环球法律评论》2008 年第 6 期。

[4] 徐曾沧："论 WTO 争端解决机制法律适用的司法经济原则（上）"，载《世界贸易组织动态与研究》2007 年第 12 期。

[5] 徐曾沧："论 WTO 争端解决机制法律适用的司法经济原则（下）"，载《世界贸易组织动态与研究》2008 年第 1 期。

[6] 付文佚："论转基因食品标识的国际标准"，载《华中农业大学学报（社会科学版）》2012 年第 5 期。

[7] 王宇红、韩文蕾："论转基因食品消费者知情权保障制度的完善"，载《西北工业大学学报（社会科学版）》2010 年第 3 期。

[8] 杨淑君："浅谈 TBT 协议与 GATT 国民待遇原则的选择适用问题"，载《上海对外经贸大学学报》2014 年第 1 期。

[9] 徐忆斌："'特征与比较'抑或'目的与效果'——GATT 第 3 条'同类产品'认定标准之探证"，载《求索》2007 年第 6 期。

[10] 石静霞："'同类产品'判定中的文化因素考量与中国文化贸易发展"，载《中国法学》2012 年第 3 期。

[11] 左海聪："GATT 环境保护例外条款判例法的发展"，载《法学》2008 年第 3 期。

[12] 张淑钿："论 GATT1994 协议第 3 条国民待遇原则中'同类产品'的认定——以日本酒税案、智利酒税案、韩国酒税案、欧工体石棉案

为视角"，载《时代法学》2006 年第 4 期。

[13] 隋军："平衡下的失衡：TBT 协定项下的'必要性'检验标准"，载《社会科学辑刊》2013 年第 6 期。

[14] 左文君："涉 TBT 协议案件关于技术法规的裁决标准及其影响"，载《江西社会科学》2015 年第 1 期。

[15] 郭高峰："WTO 框架下转基因食品标识的消费者知情权研究"，载《暨南学报（哲学社会科学版）》2013 年第 4 期。

[16] 刘蔚文："论消费者知情权的性质"，载《河北法学》2010 年第 3 期。

[17] 鲁晓明："论消费者知情权的法律保护"，载《消费经济》2004 年第 3 期。

[18] 李友根："论经济法权利的生成——以知情权为例"，载《法制与社会发展》2008 年第 6 期。

[19] 张忠民："美国转基因食品标识制度的法律剖析"，载《社会科学家》2007 年第 6 期。

[20] 王迁："欧美转基因食品法律管制制度比较研究"，载《河北法学》2005 年第 10 期。

[21] 唐晓纯等："欧盟食品标签风险管理概况及其最新进展"，载《食品工业科技》2012 年第 15 期。

[22] 马琳、顾海英："消费者视角的转基因食品标签政策分析"，载《科技管理研究》2011 年第 21 期。

[23] 候守礼、顾海英："转基因食品标签管制与消费者的知情选择权"，载《科学学研究》2005 年第 4 期。

[24] 毛新志等："对转基因食品能实行自愿标签制度吗？——兼与候守礼、顾海英商榷"，载《科学学研究》2006 年第 6 期。

[25] 钱玉文："消费者行使知情权之法律边界"，载《兰州学刊》2005 年第 2 期。

[26] 林爱珺："知情权研究述评"，载《太平洋学报》2008 年第 7 期。

[27] 刘瑛、常丽娟："论 PPM 标准在 WTO 中的法律地位"，载《国际贸易》2014 年第 2 期。

［28］刘艳："国际投资协定中东道国政策空间问题研究"，载《武大国际法评论》2014年第1期。

［29］姜作利："评WTO争端解决程序中法律解释的适用法——发展中国家的视角"，载《当代法学》2014年第4期。

［30］谈民宪："非关税壁垒：理论与现实的沿革和变迁"，载《当代经济科学》2006年第5期。

［31］姜治鹏："WTO专家组和上诉机构报告的判例效果"，载《当代法学》2002年第11期。

［32］张乃根："试析WTO争端解决的国际法拘束力"，载《复旦学报（社会科学版）》2003年第6期。

［33］余敏友："WTO争端解决活动——中国表现及其改进建议"，载《法学评论》2008年第4期。

三、中文译著

［1］［德］彼得斯曼：《国际经济法的宪法功能与宪法问题》，何志鹏、孙璐、王彦志译，高等教育出版社2004年版。

［2］［法］孟德斯鸠：《论法的精神》，申林编译，北京出版社2012年版。

［3］［美］杰克·戈德史密斯、埃里克·波斯纳：《国际法的局限性》，龚宇译，法律出版社2010年版。

［4］［美］理查德·波斯纳：《法律的经济分析》，蒋兆康译，法律出版社2012年版。

［5］［英］亚当·斯密：《国富论》，孙善春、李春长译，中国华侨出版社2010年版。

［6］［英］施米托夫：《国际贸易法文选》，赵秀文选译，中国大百科全书出版社1993年版。

［7］［美］博登海默：《法理学：法律哲学与法律方法》，邓正来译，中国政法大学出版社2004年版。

［8］［英］缪勒：《公共选择理论》，韩旭等译，中国社会科学出版社2010年版。

［9］［美］米尔顿·弗里德曼、罗斯·弗里德曼：《自由选择——个人声

明》, 胡骑等译, 商务印书馆 1982 年版。

[10] [美] 米尔顿·弗里德曼:《资本主义与自由》, 张瑞玉译, 商务印书馆 2004 年版。

四、英文著作

[1] Peter Van den Bossche, *The Law and Policy of the World Trade Organization*, Cambridge University Press, 2013.

[2] Sonia E. Rolland, *Development at the WTO*, Oxford University Press, 2012.

[3] Andrew Lang, *World Trade Law after Neoliberalism: Re-imagining the Global Economic Order*, Oxford University Press, 2011.

[4] John H. Jackson, *The Jurisprudence of GATT and the WTO: Insights on Treaty Law and Economic Relations*, Cambridge University Press, 2007.

[5] John H. Jackson, *Sovereignty, the WTO, and Changing Fundamentals of International Law*, Cambridge University Press, 2006.

[6] Mitsuo Matsushita, Thomas J. Schoenbaum and Petros C. Mavroidis, *The World Trade Organization: law, practice, and policy*, Oxford University Press, 2003.

五、英文期刊论文

[1] Erik R. Lowe, "Technical Regulations to Prevent Deceptive Practices: Can WTO Members Protect Consumers from [un] Fair-Trade Coffee and [less-than] Free-Range Chicken?", *Journal of World Trade*, 48 (3), 2014.

[2] Susan Ariel Aaronson, M. Rodwan Abouharb, "Is More Trade Always Better? The WTO and Human Rights in Conflict Zones", *Journal of World Trade*, 47 (5), 2013.

[3] Martina Piewitt, "Participatory Governance in the WTO: How Inclusive Is Global Civil Society?", *Journal of World Trade*, 44 (2), 2010.

[4] Arwel Davies, "Technical Regulations and Standards under the WTO Agreement on Technical Barriers to Trade", *Legal Issues of Economic Integration*, 41 (1), 2014.

[5] Luciana D. O. Silveira, Thomas Obersteiner, "Scope of the TBT Agreement in Light of Recent WTO Case Law", *Global Trade and Customs Journal*, 8 (4), 2013.

[6] Erik Wijkström, Devin McDaniels, "Improving Regulatory Governance: International Standards and the WTO TBT Agreement", *Journal of World Trade*, 47 (5), 2013.

[7] Adrian Emich, " Same Same But Different? Fiscal Discrimination in WTO Law and EU Law: What Are 'Like' Products? ", *Legal Issues of Economic Integration*, 32 (4), 2005.

[8] Greg Tereposky, "USA Pork and Beef? Dolphin Safe? Low Carbon? Labeling Regulation and the International Trade Rules of the WTO", *International Journal of Legal Information*, 41, 2013.

[9] Steve Keane, "Can a Consumer's right to Know Survive the WTO? : The Case of Food Labeling", *Transnational Law & Contemporary Problems*, 16, 2006.

[10] Robert Howse, Joanna Langille, Katie Sykes, "Pluralism in Practice: Moral Legislation and the Law of the WTO after Seal Products", *George Washington International Law Review*, 48, 2015.

[11] Robert Howse, Joanna Langille, Permitting Pluralism: "The Seal Products Dispute and Why the WTO Should Accept Trade Restrictions Justified by Non-instrumental Moral Values", *Yale Journal of International Law*, 37, 2012.

[12] Fred H. Degnan, "Biotechnology and the Food Label: A Legal Perspective", *Food and Drug Law Journal*, 55, 2002.

[13] Kelly A. Leggio, "Limitations on the Consumer's Right to Know: Settling the Debate Over Labeling of Genetically Modified Foods in the United States", *San Digeo Law Review*, 38, 2001.

[14] Nelson, P. , "Information and Consumer Behavior", *Journal of Political Economy*, 78, 1970.

[15] Caswell J. A. , Mojduszka E. M. , "Using Informational Labeling to Influence the Market for Quality in Food Products", *American Journal of Agri-*

cultural Economics, 78, 1996.

[16] David Alan Nauheim, "Food Labeling and the Consumer's Right to Know: Give the People What They Want", *Liberty University Law Review*, 4, 2009-2010.

[17] Sonia E. Rolland, "Are Consumer – Oriented Rules the New Frontier of Trade Liberalization?" *Haward International Law Journal*, 55, 2014.

[18] Susan Ariel Aaronson, M. Rodwan Abouharb, "Is More Trade Always Better: The WTO and Human Rights in Conflict Zones", *Journal of World Trade*, 47 (5), 2013.

[19] Luciana Silvera, Thomas Obersteiner, "Scope of the TBT Agreement in Light of Recent WTO Case Law", *Global Trade and Customs Journal*, 8 (4), 2013.

[20] Erik Wijkström, Devin McDaniels., "Improving Regulatory Governance: International Standards and the WTO TBT Agreement", *Journal of World Trade*, 47 (5), 2013.

[21] Marios C. Iacovides, "Marginal Consumers, Marginalized Economics: Whose Tastes and Habits Should the WTO Panels and Appellate Body Consider When Assessing 'Likeness'?", *Journal of World Trade*, 48 (2), 2014.

[22] Stan Benda, "Canadian Seed Regulation", *European Food and Feed Law Review*, 4 (1), 2009.

[23] James Flett, "WTO Space for National Regulation: Requiem for a Diagonal Vector Test", *Journal of International Economic Law*, 16 (1), 2013.

[24] Weihuan Zhou, "US-Clove Cigarettes and US-Tuna II (Mexico): Implications for the Role of Regulatory Purpose under Article III: 4 of the GATT", *Journal of International Economic Law*, 15 (4), 2012.

[25] Jason J. Czarnezki, "The Future of Food Eco-Labeling: Organic, Carbon Footprint, and Environmental Life-Cycle Analysis", *Stanford Environmental Law Journal*, 30 (3), 2011.

[26] Dragn Vujisid, "Labeling of Genetically Modified Food and Consumers' Rights", *Zbornik Radova*, 48, 2014.

［27］ Valery Federici,"Genetically Modified Food and Informed Consumer
Choice: Comparing U. S. and E. U. Labeling Laws", *Brooklyn Journal of
International Law*, 35, 2010.

［28］ Ashley Peppler, "Where Is My Food From? Developments in the WTO
Dispute over Country-Of-Origin Labeling for Food in the United States",
Drake Journal of Agricultural Law, 18, 2013.

［29］ Jack A. Bobo, "Two Decades of GE Food Labeling Debate Draw to an End-
Will Anybody Notice ", *Idaho Law Review*, 48, 2012.

［30］ Cassidy L. Woodard, "From Cattle Drives to Labeling Legislation: the Im-
plications of Mandatory Country of Origin Labeling on the Beef Industry",
Texas Tech Law Review, 47, 2014-2015.

［31］ Peter Halewood,"Trade Liberalization and Obstacles to Food Security: To-
ward a Sustainable Food Sovereignty", *University of Miami Inter-American
Law Reriew*, 43, 2011-2012.

六、WTO/GATT 争端解决机构报告

［1］ Panel Report, European Communities-Protection of Trademarks andGeograp-
hical Indications for Agricultural Products and Foodstuffs (EC-Trademark),
WT/DS 290 /R, adopted 15 March 2005.

［2］ Appellate Body Report, United States-Measures Affecting the Production
and Sale of Clove Cigarettes (US-Clove Cigarettes), WT/DS406/AB/R, a-
dopted 4 April 2012.

［3］ Appellate Body Reports, United States-Certain Country of Origin Labelling
(COOL) Requirements (US-COOL), WT/DS384/AB/R, WT/DS/386,
adopted 23 July 2012.

［4］ Appellate Body Reports, United States-Certain Country of Origin Labelling
(COOL) Requirements-Recourse to Article 21. 5 of the DSU by Canada and
Mexico [US-COOL (Article 21. 5-Canada and Mexico)], WT/DS384/
AB/RW, WT/DS386/RW, adopted 29 May 2015.

［5］ Appellate Body Report, United States-Measures Concerning the Importation,

Marketing and Sale of Tuna and Tuna Products [US-Tuna Ⅱ (Mexico)], WT/DS381/AB/R, adopted 13 June 2012.

[6] Appellate Body Report, United States-Measures Concerning the Importation, Marketing and Sale of Tuna and Tuna Products-Recourse to Article 21. 5 of the DSU by Mexico [US-Tuna Ⅱ (Article 21. 5-Mexico)], WT/DS381/AB/RW, adopted 2 November 2015.

[7] Appellate Body Report, Korea-Taxes on Alcoholic Beverages (Korea-Alcoholic Beverages), WT/DS75/AB/R, WT/DS84/AB/ R, adopted 18 January 1999.

[8] Appellate Body Report, Japan-Taxes on Alcoholic Beverages (Janpan-Alcoholic Beverages Ⅱ), WT/DS8/R, WT/DS10/R, WT/DS11/R, adopted 1 November 1996.

[9] Appellate Body Report, European Communities-Measures Affecting Asbestos and Asbestos-Containing Products (EC-Asbestos), WT/DS135/AB/R, adopted 5 April 2001.

[10] Appellate Body Report, European Communities-Trade Description of Sardines (EC-Sardines), WT/DS231/AB/R, adopted 26 September 2002.

[11] Appellate Body Report, European Communities-Measures Prohibiting the Importation and Marketing of Seal Products (EC-Seal Products), WT/DS400/AB/ R, adopted 18 June 2014.

[12] Appellate Body Report, United States-Measures Affecting the Cross-Border Supply of Gambling and Betting Services (US-Gambling), WT/DS285/AB/R, adopted 20 May 2005.

[13] Appellate Body Report, United States-Standards for Reformulated and Conventional Gasoline (US - Gasoline), WT/DS2/AB/R, adopted 20 May 1996.

[14] Appellate Body Report, United States-Import Prohibition of Certain Shrimp and Shrimp Products (US - Shrimp), WT/DS58/AB/R, adoped 12 October 1998.

[15] Appellate Body Reports, Korea - Measures Affecting Import of Fresh,

Chilled and Frozen Beef (Korea-Various Measures on Beef), WT/DS161/
AB/R, WT/DS169/AB/R, adopted 10 January 2001.

[16] Panel Report, Thailand-Restriction on Importation of and Internal Taxes on
Cigarettes (Thai-Cigarettes), DS10/R, adopted 7 Novermber 1990.

七、英文网站类

[1] http://www. wto. org

[2] http://eu. europa. eu/eclas

[3] http://www. worldtradelaw. net/

[4] http://www. unctad. org/

[5] http://www. un. org/

[6] http://www. ustr. gov/

[7] http://www. westlaw. com

[8] http://www. lexisnexis. com. cn

[9] http://www. heinonline. org/

[10] http://www. hpj. com/